Gillian Telling ist Sex-Kolumnistin für die Zeitschrift *Maxim*, in der sie Männern erklärt, wie Frauen denken, und sie schreibt ebenfalls regelmäßig für thefrisky.com. Früher arbeitete sie für den *Rolling Stone* und für *Details*.

Gillian Telling

Männer sind schmutzig, Frauen auch

Die ganze Wahrheit über mein Leben als Frau

Aus dem amerikanischen Englisch
von Nicole Hölsken

BASTEI LÜBBE
TASCHENBUCH

BASTEI LÜBBE TASCHENBUCH
Band 60206

1. Auflage: Juni 2011

Dieser Titel ist als E-Book lieferbar.

Vollständige Taschenbuchausgabe

Bastei Lübbe Taschenbuch in der Bastei Lübbe GmbH & Co. KG

Deutsche Erstausgabe

Titelbild: © getty-images / AE Pictures Inc.
Umschlaggestaltung: © Geviert Büro für Kommunikationsdesign
Autorenfoto: © Kelley Volmer
Satz: hanseatenSatz-bremen, Bremen
Gesetzt aus der Minion Pro
Druck und Verarbeitung: CPI – Ebner & Spiegel, Ulm
Printed in Germany
ISBN 978-3-404-60206-3

Sie finden uns im Internet unter
www. luebbe.de
Bitte beachten Sie auch: www.lesejury.de

Der Preis dieses Bandes versteht sich einschließlich
der gesetzlichen Mehrwertsteuer.

Für meine vollkommen verdrehten Schwestern
Claire, Mary und Stephanie.

Inhalt

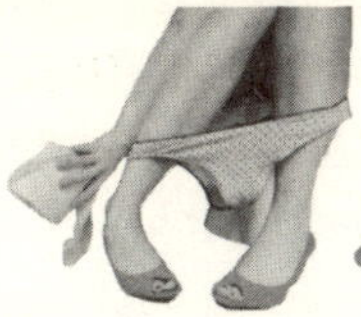

Anmerkungen der Autorin

Achtung! Dieses Buch wurde von einer Frau geschrieben, die sich selbst als schmutziges Mädchen beschreibt, und sollte von anderen schmutzigen Mädchen gelesen werden – Mädchen, die es genießen, dass ihre bislang unentdeckten Geheimnisse nun schwarz auf weiß aufgedeckt werden. Es sollte eigentlich *nicht* von Männern gelesen werden, es sei denn, sie möchten sich sämtlicher Illusionen in Bezug auf Frauen berauben. Mädels, wenn Ihr wollt, dass Euer Partner Euch auch weiterhin für hübsch und vollkommen hält – und zwar in jeder Beziehung –, dann haltet dieses Buch unter allen Umständen von ihm fern. Wenn Ihr ihn aber über Eure ganz privaten Gewohnheiten aufklären wollt, dann könnt Ihr das Buch wie zufällig herumliegen lassen: Macht Eselsohren in die wichtigen Seiten, oder markiert bestimmte Abschnitte mit Klebezetteln. Nur denkt immer daran: Wenn er das hier liest, wird er Euch in Zukunft wahrscheinlich mit ganz anderen Augen sehen. Das kann gut sein oder auch schlecht, je nachdem, wie gern Ihr tatsächlich Sex habt. Ich hab Euch gewarnt! Und jetzt macht, was Ihr wollt.

Einleitung

Also Mädels …

Wie Ihr wisst, sind Männer vom Mars und Frauen von der Venus. Diesen mittlerweile allseits bekannten Ausspruch hat sich vor vielen Jahren irgend so ein alter Furz ausgedacht, um Millionen von Büchern zu verkaufen, und, nun ja, er hatte einen Bombenerfolg damit. Hinzu kamen Schreibtischkalender. Und sogar diese Geschenkbücher, die keiner wirklich haben will, die man aber trotzdem jedes Jahr an Weihnachten unter dem Baum findet. Schön für den Autor. Aber noch wichtiger ist, dass er eine ganze Generation von Männern und Frauen dazu brachte, diesen einprägsamen Buchtitel für das Wort Gottes zu halten. Denn er erklärt einfach alles! Kein Wunder, dass Männer und Frauen so viele Probleme haben, wenn sie versuchen, miteinander auszukommen! Wie, zum Teufel, sollen wir Freunde oder Liebende sein, wenn wir doch offensichtlich von unterschiedlichen Planeten kommen? Männer gehören noch nicht mal zur gleichen *Spezies* wie wir. Sie sind Marsmenschen! Wenn wir Männer und Frauen bitten, als menschliche Wesen miteinander klarzukommen, dann ist das genauso abwegig wie einen gebürtigen Einwohner San Franciscos zu bitten, nicht mehr zu erwähnen, wie köstlich Burritos sind. Es ist einfach unnatürlich!

Aber ist es wirklich so einfach? Männer und Frauen können in der Tat sehr unterschiedlich sein, was ihre Ansichten und ihr Verhalten betrifft. Das wundert uns eigentlich nicht gerade. Aber eines habe ich in den vergangenen Jahren herausgefunden, in denen ich meine Sex-Kolumne für die Zeitschrift *Maxim* schrieb, für die ich unzählige Frauen über ihr Leben, ihre schmutzigen Geheimnisse und Zukunftsvisionen befragt habe: So sehr unterscheiden sich Frauen von Männern gar nicht. Sie scheinen eigentlich sogar das Gleiche zu wollen wie ihre männlichen Gegenüber: Erfolg, Gesundheit, Freundschaft, Geld, einen guten Beruf, eine intakte Familie, intakte Beziehungen, einen hübschen Körper und jede Menge tollen Sex. Frauen wollen ihren Spaß haben und sind witzig, und gleichzeitig können sie gemeine, geile und brutale kleine Ekelpakete sein.

Verstehen Sie mich nicht falsch – damit will ich nicht sagen, dass Frauen die neuen Männer sind. Wir *wollen* ja gar keine Männer sein. Warum sollten wir auch? Trotz eines niedrigeren Einkommens und erzwungener neunmonatiger Abstinenz während der Schwangerschaft ist es meist recht schön, eine Frau zu sein. Ich will damit sagen, dass wir den Männern ähnlicher sind, als bislang zugegeben wurde. Bis *heute*. Das Spiel ist aus, Schwestern. In diesem Buch entlarve ich uns als die dreckigen, witzigen, wählerischen, großzügigen, grausamen, gemeinen, schönen Biester, die wir tatsächlich sind.

1

Ein weiblicher Single ist oft das ekligste Wesen der Welt

*E*ine grundlegende Wahrheit über Frauen – und wir verbringen schrecklich viel Zeit damit, dies hinter Lipgloss, tollen Frisuren und süßlich duftenden Parfümwolken zu verbergen – ist die Tatsache, dass wir häufig einfach nur *widerlich* sind. Damit meine ich nicht verrückt oder sexbesessen – ich meine damit, dass wir auf abscheuliche Weise eklig sind. Hier ein Beispiel: Wir besitzen doch alle eine Jeans, die wir zwar wochen- oder monatelang tragen, aber bislang nur ein- oder zweimal gewaschen haben, und wir alle nutzen unsere Bikini-Unterteile als Unterhöschen, wenn wir vergessen haben, die Wäsche zu waschen und uns die sauberen Slips ausgegangen sind (oder wir drehen die schmutzigen Unterhosen einfach auf links – oder tragen gleich überhaupt keine). Aber jahrelang haben wir derlei Fakten vor unseren Männern geheim gehalten, die denken, dass bei uns Frauen alles aufeinander abgestimmt ist und wir täglich in spitzenbesetzten BHs und Slips herumlaufen.

Sie können sich doch vorstellen, was einem naiven Mann durch den Kopf geht, wenn er so ein junges sexy

Ding am anderen Ende der Bar entdeckt, das ihm verführerische Blicke zuwirft. Wahrscheinlich geht er davon aus, dass sie nach Vanille-Keksen duftet, dass ihre Lippen wie süße Torte schmecken und dass in ihrer perfekt dekorierten Wohnung jede Menge kunstvoll arrangierte Kissen auf dem Bett liegen und überall Vasen mit Tulpen herumstehen. Vielleicht hat sie sogar irgendwo selbst gemachten Zitronenkuchen für *danach* herumstehen.

In Wirklichkeit jedoch ist alles ganz anders. Wenn sie tatsächlich Single ist und ihn mit nach Hause nimmt, um dort mit ihm die köstlichen Freuden der Liebe zu genießen, dann sollte er auf das, was ihn in ihrer Wohnung erwartet, vorbereitet sein. Angefangen von dem leeren Kühlschrank, in dem nur zwei Flaschen Sauvignon Blanc und ein Stück Butter liegen, über den schwachen Gestank nach Katzenklo, obwohl sie anscheinend gar keine Katze hat, bis hin zu der Tür, die er nicht öffnen darf. In Wirklichkeit ist dieses Mädchen eben *nicht* vollkommen. Wahrscheinlich ist sie ziemlich eklig, und, offen gestanden, in vielerlei Hinsicht sogar noch viel ekliger als ihr Lover.

Das gilt zumindest für die meisten Frauen, die ich kenne.

Echte Frauen und Hygiene

Zunächst möchte ich Ihnen ein kleines Rätsel aufgeben: Können Sie sich vorstellen, dass Folgendes tatsächlich passiert, zumindest, solange niemand es mitbekommt? Eine Frau kommt um zwei Uhr morgens nach Hause, isst einen ganzen Teller Käsemakkaroni, stellt die schmutzige Pfanne ins Spülbecken und zieht sich bis auf die Socken komplett aus. Anschließend geht sie ins Bett, ohne sich die Zähne zu putzen. (Hinweis: Nö, natürlich können Sie es sich nicht vorstellen!)

Hier ist die erste Wahrheit über Frauen, die Männer nicht kennen. Wenn wir allein sind und für niemanden verantwortlich außer für uns selbst, und solange wir in der Privatsphäre unserer Wohnung sind, sind wir ziemliche Schlampen. Würde ein Mann eine Single-Frau in ihrer ganz privaten Umgebung ertappen – zum Beispiel sonntagmorgens faul auf dem Bett liegend, während sie sich im Fernsehen die neuesten Promi-News ansieht und die kalte, auf ihrer Brust liegende Pizza isst – dann würde er uns so sehen, wie wir wirklich sind: faul, und das auch noch aus Leidenschaft.

Männer vergessen das wilde Tier, das in uns schlummert, deshalb oft, weil eine Frau, die mit ihrem Freund oder ihrem Ehemann zusammenlebt, stets ihr Bestes gibt, damit das Haus in einem passablen Zustand ist und sie selbst ebenfalls einigermaßen ansehnlich wirkt: Zahnpasta, Lippenstift, frisierte Haare, gelegentliche Rasur der Beine, duschen – seufz. Am Wochenende steht sie vor neun Uhr morgens auf und kocht Kaffee, vielleicht macht sie sogar Frühstück. Sie liest die Zeitung und schlendert samstags mit ihrem Liebsten durch die Stadt, kauft mit ihm überteuerte Dinge in überteuerten Läden. Sie nimmt Worte wie »Dinner Party« und »Garderobe« in den Mund. Sie benimmt sich, als ob sie alles im Griff hätte, eine vernünftige Erwachsene mit einem durchdachten Terminplan, den sie einhalten muss. Und der Mann an ihrer Seite findet das beeindruckend und erfreulich, denn ihre Disziplin hält auch seinen inneren Schweinehund in Schach.

Die Frau, die jedoch nicht mit ihrer besseren Hälfte zusammenlebt, lässt ihrem inneren Erdferkel vollkommen freien Lauf, sobald keiner in der Nähe ist. Das sollten Sie als Mann immer bedenken, wenn Sie plötzlich beschließen, um elf Uhr an einem Sonntagmorgen vorbeizuschauen – in der Hand einen Korb mit frischen Brötchen. (Ja, uns ist schon klar, dass Ihr Männer niemals mit einem Korb frischer Brötchen an einem Sonntagmorgen vorbeikommen würdet, weshalb wir auch in Zukunft unsere Kontaktlinsen nicht einsetzen und keine Hose anziehen werden. Und seien wir ehrlich: Wenn Ihr es tätet, würden wir Euch vielleicht sogar für schwul halten.) Also, mal *angenommen*, Ihr würdet den besagten Brötchenkorb vorbeibringen. Wahrscheinlich würdet Ihr uns auf der Couch vorfinden: Mit der einen Hand stopfen wir uns die Fruit Loops direkt aus der Schachtel in den Mund, mit der anderen kratzen wir uns im Schritt. Kommt Euch das bekannt vor?

Wie die Single-Frau ihr Haus in Ordnung hält

Neulich fragte ich eine meiner Freundinnen, ob ich vorbeikommen und ein bisschen in ihrer Wohnung mit ihr abhängen könnte. Sie wohnt allein, und ich bringe in einem solchen Fall gern eine große Weinflasche mit. Dann sitzen wir an ihrem Küchentisch, rauchen Zigaretten und quasseln wie die Weltmeister über Arbeit, Familie, Liebe und manchmal über andere Leute, die wir kennen. Normalerweise ist ihr das immer recht, aber diesmal zögerte sie.

»Nein, du kannst nicht vorbeikommen«, sagte sie.

»Warum nicht, was machst du gerade?«, fragte ich.

»Oh, äh ... ich mache sauber«, antwortete sie, was offensichtlich gelogen war.

»Abartig! Masturbierst du etwa?«, hakte ich nach.

»Nein, ich bin nur gerade sehr beschäftigt und musste ein paar Kisten kaufen und ... na gut. Okay, na prima, also, in Wirklichkeit ist meine Wohnung einfach zu schmutzig für Gäste!«, gab sie zu. »Es ist widerwärtig. Ich habe etwa zwei Monate überhaupt nicht mehr sauber gemacht. Und ich glaube, ich habe die Motten.«

»Bist du sicher, dass es nicht einfach nur Käfer sind? Die hatte ich letztens in meinen Klamotten.«

»Nein, es sind eindeutig Motten«, seufzte sie. »Große, eklige, graue Motten – überall.«

»Na ja, mir machen die Viecher nichts aus, solange *du* dich nicht daran störst«, antwortete ich. »Ich hätte wirklich große Lust, mit dir zu quatschen.«

»Okay, na gut. Dann komm. Aber den hinteren Teil meiner Wohnung darfst du nicht betreten«, warnte sie mich.

»Kein Problem.«

»Und sag keinem, dass ich die Motten habe.«

»Schon klar, keine Sorge. Meine Lippen sind versiegelt.«

***

Meine Freundin ist nicht die einzige alleinstehende Frau auf der Welt, die ihr Haus oder ihre Wohnung so sehr verkommen lässt, dass sich dort Ungeziefer einnistet. Ich kenne zwei Lesben (ja, zwei Mädchen!), bei denen so dicke Schamhaar-Knäuel in der Ecke des Badezimmers liegen, dass selbst ein Burschenschaftler beeindruckt wäre. Wenn sie nicht gerade einen extra Kühlschrank für Wein ihr Eigen nennen und regelmäßig andere Freundinnen mit ihren Partnern einladen, sind die meisten Frauen häufig viel zu sehr damit beschäftigt, sich ihren Lebensunterhalt zu verdienen, sich mit Freunden zu treffen, im Fitnessstudio zu trainieren (okay, *manchmal* zu trainieren) und sich gelegentlich sogar einen Film oder etwas Kultur reinzuziehen, als dass sie noch Zeit hätten, so eine verdammte Wohnung in Ordnung zu halten. Kurz gesagt: Wir haben auch nicht mehr Zeit als jeder andere feine Manager-Fuzzi, um unser Haus wenigstens einigermaßen in Ordnung zu halten. Warum sollten wir auch, solange keiner in der Nähe ist, der unser inneres Erdferkel verurteilen könnte?

Also lassen wir es getrost bleiben!

Männern ist diese Wahrheit bislang gänzlich verborgen geblieben. Wir haben die Kunst organisierter Stapel perfektioniert und sind Meister darin, unsere Schmutzwäsche in die hintersten Winkel unserer Schränke zu stopfen, damit unser Lover sie nicht sieht, wenn er zufällig mal vorbeischaut. Außerdem wissen wir alles über die Wunder von Febrèze und Duftkerzen. (Diese wundervollen Errungenschaften wurden sicher allesamt von Mädchen wie mir und meinen Freundinnen erfunden!) Wir alle besitzen eine geheime, abstoßende Seite und sind sicher nicht alle dazu bestimmt, gute Hausfrauen zu sein. Das ist eine erlernte Fähigkeit und - ganz ehrlich - sie wurde uns manchmal erst während einer Partnerschaft aufgezwungen. Die wahre Frau ist einfach nicht in der Lage, spontan einen köstlichen Brunch aus ein paar Lebensmitteln zu zaubern, die sie zufällig noch in ihrem Kühlschrank und ihren Schränken findet. Sie hat keine Eier im Haus (höchstens ein paar alte, die sie sich nicht mehr traut aufzuschlagen), keine Milch und schon gar keinen Käse (zumindest keinen, der nicht schon Schimmel angesetzt hätte), deshalb kann sie kein Omelett zubereiten. Es existiert auch kein Paket Schinken - weder im Kühlschrank noch tiefgefroren -, das auf den aufregenden Tag wartet, da sie beschließt, den Inhalt zu verarbeiten. *Vielleicht* ist irgendwo noch etwas Brot zu finden, denn ein Erdnussbutter-Toast ist immer ein gutes Frühstück (oder Mittag- oder Abendessen). Ein Mann, der das große Glück hat, bei dieser Frau übernachten zu dürfen, sollte sich also darauf vorbereiten, jede Menge Geld für ein gutes Frühstück am nächsten Morgen ausgeben zu müssen.

Die Single-Frau und ihre Hygiene-Gewohnheiten

Für Single-Frauen sind die Wochenenden deshalb so außerordentlich vergnüglich, weil wir dann unsere regelmäßigen Badeorgien vergessen können. Eigentlich lieben wir nichts mehr als das. Wir sind stolz darauf, dass wir an faulen Wochenenden Seifen-Muffel sein können. Und uns nicht mit nassen Haaren herumschlagen müssen – was für ein Segen! Wenn wir unsere paar Strähnen nur zu einem fettigen Knoten oder Pferdeschwanz zusammenfassen können, sind wir glückliche Menschen. Wenn wir dann noch nicht mal Deo benutzen, unsere Achselhöhlen enthaaren, unsere Augenbrauen zupfen, unsere Ohren mit Wattestäbchen reinigen und weder Parfüm noch Make-up auftragen müssen, umso besser. Natürlich gilt dies nur, wenn wir allein oder mit Freundinnen innerhalb unserer eigenen vier Wände herumlungern. Sobald wir uns in die Öffentlichkeit begeben, bringen wir uns ganz bestimmt erst einmal wieder auf Hochglanz. Tief im Innersten sind wir vielleicht faul und regelrecht unhygienisch, aber wir sind auch eitel, und Eitelkeit schlägt Faulheit. Aber wenn niemand anwesend ist, den unser Aussehen interessieren könnte, dann ist es uns ganz bestimmt egal.

Tatsächlich bat meine Mutter mich immer darum, erst einmal zu duschen, wenn ich sie an Weihnachten in Florida besuchte. »Aber ich war gerade am Strand und habe im Meer gebadet!«, pflegte ich dann zu protestieren, und das, obwohl ich fünfundzwanzig Jahre alt war und damit alt genug, um zu wissen, dass ein regelmäßiges Bad in diesem Alter der Norm entspricht. Aber so bin ich nun einmal. Um mich davon zu überzeugen, dass ich nicht das einzige Mädel war, dem es gefiel, sich in ihrem eigenen Dreck zu suhlen, solange ich für mich war und mich nicht für ein männliches Wesen aufbrezeln musste, beschloss ich, meine makellosesten Freundinnen zu fragen, wie es um ihre Hygienegewohnheiten am Wochenende stand.

Die achtundzwanzigjährige Bianca ist eine der erfolgreichsten Frauen, die ich kenne. Sie ist klug, stark, witzig und in ihrem Job eine Koryphäe. Sie ist immer tadellos und nach der neuesten Mode gekleidet, und ihr Haar sieht stets aus wie glatt gebügelt, wobei seidige Strähnen ihr Gesicht umrahmen. Kurz gesagt: Sie ist eines dieser real existierenden Mädchen, die geradewegs einer Modezeitschrift entstiegen zu sein scheinen. Doch weil sie so witzig und nett ist, kann man ihr deswegen noch nicht einmal böse sein. Jedenfalls kenne ich Bianca schon seit Ewigkeiten und weiß, dass sie manchmal zu Medikamentenmissbrauch neigt und einmal eine Halsentzündung bekam, nachdem sie einem meiner Freunde seinen dreckigen Schwanz geblasen hatte. Kurz: In meiner Gegenwart kann sie einfach nicht so tun, als sei sie perfekt.

Deshalb gab Bianca es auch sofort zu: »Ich dusche weder samstags noch sonntags«, bekannte sie. »Es sei denn, ich habe ein Date oder will ausgehen, aber sogar dann begnüge ich mich oft mit meinem guten alten Deo und dem Ausbürsten meiner Haare. Duschen geht mir total auf den Zeiger, und nasse Haare hasse ich sowieso.«

Na bitte! Ich habe es einmal vier ganze Tage ohne Dusche ausgehalten. Wussten Sie, dass fettiges Haar sich nach drei Tagen wieder einkriegt und tatsächlich wieder einigermaßen *sauber* aussieht?

Aber nicht nur das regelmäßige Duschen mied ich über einen längeren Zeitraum, wenn ich das Gefühl hatte, dass es sowieso keinen gab, der sich für mein Aussehen auch nur im Geringsten interessierte. Ich rasierte mich auch nicht mehr. Das geschah keinesfalls mit Absicht oder mit dem Gedanken »Uaaahh! Ich werde mich jetzt nicht rasieren, denn es sieht ja keiner, dass ich behaart wie ein Affe bin!« Ich habe nur einfach nicht daran gedacht. Vielleicht lag auch gerade kein Rasierer herum, und ich war zu vergesslich, um einen neuen zu kaufen oder zu faul, um aus der Dusche zu treten und unter dem Waschbecken nach Ersatzklingen zu fahnden. Ich bin also ziemlich lange mit neuem Achselhöhlen-Pelz und behaarten Beinen sowie einem Busch, der geradewegs aus einem Siebzigerjahre-Porno hätte stammen können, herumgelaufen. Wir rasieren uns doch nur deshalb, weil wir *flachgelegt* werden wollen. Nicht weil wir uns als Frau damit besser fühlen.

Wo ich gerade beim Thema Flachlegen bin: Heutzutage reicht es nicht mehr aus, der eigenen Haarpracht von Zeit zu Zeit den Rasierer zu zeigen. Wir müssen uns regelmäßiger Fellpflege unterziehen. Puh! Für die meisten Frauen ist das ein heikles Thema. Es macht uns unwillkürlich etwas verlegen. Es ist saumäßig nervig, immer schick auszusehen. Doch wir wollen eben schön sein, seidige Beine und glänzende Haare haben und ein winziges Haardreieck in der unteren Region aufweisen, mit dem wir unsere potentiellen Sexualpartner beeindrucken können. Leider erfordert das jede Menge Arbeit, ganz zu schweigen vom Geld und von den vielen unnötigen Schmerzen. An dieser Stelle werde ich also näher auf die Prozedur des Brasilian Waxing eingehen, nur damit Ihr Mann weiß, was Sie dafür durchmachen müssen. Vielleicht wird er in Zukunft besonderen Wert darauf legen, Ihre ordentlichen, sauberen weiblichen Teile zu bewundern, ebenso wie Ihren rundherum gut gepflegten Körper. Bitte machen Sie an dieser Stelle ein Eselsohr ins Buch, und legen Sie es Ihrem Geliebten heute Abend aufs Kissen.

Kleine Pflichtlektüre für den Mann an Ihrer Seite: Die Wahrheit über Brasilian Waxing

Rein in den Kosmetiksalon. Der Frau am Tresen sagen, dass wir zum Enthaaren der Bikinizone hier sind. Dann in jenen winzigen Raum mit dem Untersuchungstisch gehen, auf dem dieses krause Hygienepapier liegt. Hose und Slip ausziehen, während man Socken und T-Shirt anlässt (sieht peinlich aus, ist aber besser, als vollkommen nackt zu sein). Die Frau anlächeln, wenn sie hereinkommt, ihr Gesicht fünf Zentimeter über die intimsten Regionen beugt und anfängt, einen mit behandschuhten Fingern abzutasten, um das haarige Chaos richtig einzuschätzen. Sich Sorgen machen, ob man unangenehm riecht oder ihr mit der monatealten Schambehaarung das Entsetzen in die Augen treibt. Wie peinlich! So langsam werden wir nervös, denn plötzlich wird heißes (und ich meine ***heißes***) Wachs bis wenige Millimeter vor die Schamlippen verteilt. Übelkeit, als wir merken, dass ein

Tuch auf das Wachs gedrückt wird, was bedeutet, dass gleich der Schmerz kommen wird. Dann die bloße brennende Qual von den Zehen bis zu den Augäpfeln, als die Frau fünfhundert harte, lockige Haare mit einem heftigen Ruck herauszieht. Sterne sehen. Schritt umklammern. Wir wollen kotzen. Stöhnen. Bitten darum, nicht weiterzumachen. Hören sie vor sich hin gackern, als sie sagt, dass es *so* schlimm doch nun auch wieder nicht sei und dass da noch viele Haare entfernt werden müssten. Wiederholung der Prozedur – noch zehn Mal. Nach jedem brutalen Herausreißen, wobei wir jedes Mal sicher sind, dass uns die Haut ebenfalls abgezogen wurde, müssen wir die Demütigung ertragen, dass die Frau uns *zeigt*, wie viele Haare sie entfernt hat. (»Sehen Sie? Ganz viele Haare!«) Dann unglaubliche Erleichterung, wenn es endlich vorbei ist, jedoch gefolgt von absoluter Schockstarre, wenn wir erkennen, dass sie nun einzelne widerspenstige Haare von unserem Anus ***zupft*** – mit einer Pinzette. Wir versuchen, nicht zu weinen. Wir denken daran, wie gut sich der Sex anfühlen wird und wie sehr wir unserem Mann damit gefallen werden. Wir betrachten ihre Arbeit und … Oh mein Gott, ist das ***Blut***? Plötzlich hassen wir unseren Mann und die männerdominierte Gesellschaft, in der wir leben, die uns diktiert, dass wir wie vorpubertäre Pornostars aussehen müssen. Wir verfluchen ihn und den Urwald, den ***er*** im

Schambereich aufweist. Bastard. Wir werden ihn verlassen! Bezahlen fünfundvierzig Euro. Humpeln nach Hause. Versuchen die Unterwäsche von der klebrigen Vagina zu entfernen. Haben in den nächsten Wochen mit eingewachsenen Haaren zu kämpfen und dem unansehnlichen Anblick nachwachsender stoppeliger Haarpracht. Im Stillen kommen uns die Tränen, als wir erkennen, dass es mal wieder Zeit für einen weiteren Besuch bei der gemeinen Scham-Enthaarungs-Tussi ist.

***

So, jetzt wisst Ihr Männer Bescheid. Das ist für uns kein Spaß. Und es ist auch kein billiges Vergnügen. Und ja, wir geben zu, dass der Sex danach besser ist, aber vornehmlich deshalb, weil Ihr dann erheblich eher dazu bereit seid, uns längere Zeit da unten zu bearbeiten, und das finden wir wirklich toll. Aber wenn wir es nicht tun müssten, würden wir darauf verzichten. Okay, natürlich muss es niemand wirklich tun. Aber es ist mittlerweile einfach üblich, und wenn wir uns da unten nicht in irgendeiner Form zurechtstutzen lassen, fühlen wir uns wie ein Gorilla und finden den wuscheligen Naturlook nur peinlich. Wenn Ihr die Beziehung zu Eurer Partnerin also aufrechterhalten wollt, dann lobt sie am besten über den grünen Klee, sobald sie von einer solchen Prozedur nach Hause kommt. Sinkt auf die Knie und betet ihren haarlosen Altar an – bis sie es Euch gestattet, Euch wieder zu erheben, um Luft zu holen.

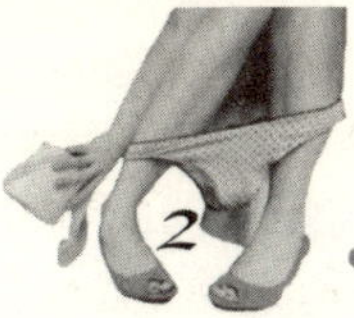

Jeder pupst – sogar Gisèle Bündchen

Wir alle kennen doch irgendwelche Kinderbücher über das Pupsen. In *Puuuh! Warst du das, Berti?* zum Beispiel geht es um einen kleinen Jungen, der es liebt zu pupsen, und zwar wo er geht und steht. Seiner Mutter ist das peinlich, seine Schwester macht es wütend, und auch sein Vater und seine Oma reagieren entsetzt. Aber irgendwann stellt Berti fest, dass alle pupsen – wenn auch meistens heimlich. Zum Beispiel bei den Mahlzeiten: Alle sitzen und pupsen dort, wo der seinerseits ebenfalls pupsende Hund sitzt – unterm Tisch. Und sogar die kleine Schwester beteiligt sich fröhlich an diesem Spiel – ein *Mädchen*! Haben Sie verstanden? Sogar wunderschöne, makellose Frauen wie Gisèle Bündchen müssen ein eklig stinkendes Ei legen, nachdem sie am Abend zuvor eine ordentliche Portion Chili verputzt haben. Aber Männer wollen partout nicht glauben, dass das stimmt. Und Frauen verbringen lächerlich viel Zeit ihres Lebens mit dem Versuch, dieses Machwerk der Natur vor den Männern geheim zu halten. Ich selbst bin da keine Ausnahme.

Im ersten Jahr einer meiner Beziehungen gelang es mir, den kleinen Teufel nie in der Wohnung meines Freundes herauszulassen, nicht ein einziges Mal. Infolgedessen ertrug ich ungeheure Unterleibskrämpfe, wenn ich am Morgen zur Arbeit eilte, wo ich in aller Ruhe die Bürotoilette benutzen konnte. Gelegentlich, wenn es mich, ähm, ganz besonders zwackte, behauptete ich, Durst auf Limonade zu haben und rannte in den dritten Stock seines Wohnhauses, wo es ein Fitnessstudio, einen Getränke-Automaten und eine Toilette gab. Ich weiß nicht, ob ihn meine Menschlichkeit und mein Bedürfnis, zu scheißen, nicht sogar weniger gestört hätte als die Tatsache, dass ich um halb acht Uhr morgens Coca-Cola trinken wollte. Aber ich wollte mein Geheimnis unter allen Umständen bewahren und nahm große Mühen auf mich, damit er nicht erkannte, dass ich auch nur ein ganz normaler Mensch war und gelegentlich kacken musste. Unglücklicherweise blieb es aber doch nicht lange geheim. Ich hatte mein Dilemma, dass ich in seinen Augen hübsch und perfekt bleiben wollte, aber dennoch morgens verfluchte Bauchkrämpfe hatte, ein paar Freundinnen geschildert: »Das ist ein richtiges Problem, sag ich euch.«

»Oh bitte, warum scheißt du nicht einfach bei ihm? Jeder muss schließlich kacken!«, riefen sie. Ja, ich weiß. Aber wissen Sie, ich pupse nicht einfach nur. Ich entspanne auf dem Klo. Ich bleibe da geschlagene zwanzig Minuten sitzen und lese die Rückseiten von Shampoo-Flaschen und alte Comics. Manchmal – und das ist nun wirklich eklig – schicke ich vom Klo aus SMS oder spiele ein Spiel auf meinem Handy, wenn ich noch etwas Zeit totschlagen muss. Ich bin nicht von der Rein-Raus-Fraktion. Das war ich noch nie und werde es auch mein Lebtag nicht sein – daher meine mangelnde Bereitschaft, mein gemächliches Geschäft in seiner Wohnung zu verrichten. Außerdem geht man in der Regel nicht davon aus, dass hübsche und wohl erzogene Frauen derlei abscheuliche Dinge tun!

Ich hatte das Glück, dass einer meiner besten (und, wie sich herausstellte, grausamsten) Freunde beschloss, dass es an der Zeit war, diese Hübsch-und-perfekt-Scharade zu beenden. Eines Tages also, als wir alle gemeinsam über Neujahr eine Woche in einem Ferienhaus in Vermont verbrachten, flüsterte ich ihm zu, dass ich mich jetzt aufs Klo im Erdgeschoss zurückziehen würde, um dort im Bad etwas Zeit für mich zu verbringen. Dabei hatte ich die *Cosmopolitan* unter meinem T-Shirt versteckt, wie ein Junge, der sich mit einem Pornokatalog einen runterholen will. Ich hatte es mir gerade für ein gemütliches halbes Stündchen bequem gemacht und las einen Artikel darüber, wie man seine Lippen durch eine bestimmte Technik vergrößern kann, damit sie voller wirken, als plötzlich die Tür aufflog. Dort stand mein Lover zusammen mit meinem fiesen (ich kann Ihnen an dieser Stelle wohl guten Gewissens sagen, dass er schwul ist) Freund.

»Ich wollte nur, dass du weißt, dass Gillian auch scheißt«, sagte mein Freund zu meinem Liebhaber. Ich weiß nicht so genau, wer bestürzter war. Mein Lover, der sah, wie ich mich auf dem Klo entspannte und genüsslich die *Cosmopolitan* las, während ich ein ordentliches Ei legte, oder ich, als ich plötzlich bemerkte, dass ich in puncto Freunde den schlechtesten Geschmack der Welt hatte.

»Raus hier!«, schrie ich, während ich einen Satz auf die Tür zu machte. Sie schlugen sie zu, und ich konnte hören, wie sie sich ins Obergeschoss verkrümelten. Dann saß ich ein paar Minuten da und stützte den Kopf in die Hand. Ich wünschte meinem Freund einen furchtbaren und grausamen Tod an den Hals und betete, dass mein Schatz glaubte, dass ich nur ganz normal Pipi machte. Doch schließlich musste ich mich irgendwann erheben und zu ihm gehen. Ich traf ihn in der Küche an.

»Tut mir wirklich leid. Das war schon, äh, ein bisschen komisch«, sagte ich beschämt. Auch er war etwas rot im Gesicht, verhielt sich aber richtig süß.

»Na ja, so geschockt bin ich nun auch wieder nicht, dass du auch mal scheißen musst«, sagte er. »Ich habe mir schon gedacht, dass du es wenigstens gelegentlich tust. Mach dir keine Gedanken deswegen.« Also war letztlich doch alles wieder gut. Aber dennoch verrichtete ich mein Geschäft auch in den nächsten paar Monaten im Fitnessstudio seines Hauses, und meinem schwulen Freund vergab ich sehr lange nicht. Im Gegenteil, ich war auf grausame Weise schadenfroh, als er mir berichtete, dass ein Typ, den er in Berlin kennengelernt hatte, ihm gesagt hätte, dass er einen kleinen Penis habe.

Girl Talk

Es ist ja nichts Neues, dass Frauen die gleichen Körperfunktionen haben wie Männer, aber was Jungs ganz sicher nicht wissen, ist, wie oft und freimütig wir darüber reden, wenn wir unter uns sind. Warum, so könnte man sich fragen, reden wir so häufig darüber? Aus dem gleichen Grund wie Männer und Kinder. Weil es lustig ist. Als ich mich neulich morgens um zehn Uhr an meinen Computer im Büro setzte, chattete mich eine Freundin an. Sie wollte mir nur kurz Folgendes mitteilen: »Ha, ich hab gerade eine sechzig Zentimeter lange Wurst fabriziert.«

Ich hielt inne und dachte darüber nach, wie ich so früh am Morgen auf eine solche Nachricht antworten sollte. Natürlich gab es nur eine mögliche Reaktion: »Unglaublich! Wirklich sechzig Zentimeter?«

»Ja, ich bin buchstäblich zweieinhalb Kilo leichter.«

»Ah, so was liebe ich.«

»Aber ernsthaft, Gillian, sie war wirklich sechzig Zentimeter lang, ohne irgendwo auseinanderzubrechen. Sie schwamm im Klo herum. Es war unglaublich.«

»Mannomann, ich wünschte, ich hätte sie gesehen.«

»Ich weiß. Ich wünschte, ich hätte sie fotografiert.«

»Beim nächsten Mal tust du das bitte.«

Wissen Sie, diese Unterhaltung ist nicht wirklich ungewöhnlich für mich und die Frauen in meinem Leben. Vor ein paar Monaten waren ein paar Freundinnen und ich einen trinken und eine von uns berichtete, wie sie einen dermaßen fürchterlichen Anfall von Dünnschiss hatte, dass er gegen die *Wand* spritzte.

»Iiiii!«, schrien wir alle und lachten.

»Ja«, sagte sie. »Es war schrecklich. Sah aus wie ein Bild von Jackson Pollock.«

»Meinst du nicht eher Jackson P-aa-Lock?«, amüsierte sich eine von uns.

»Vielleicht war es eher wie ein Pic-aa-sso«, schlug eine andere vor.

»Vielleicht aus der Pups-pups-Ära«, stimmte ich ein. Während wir dort in der Bar saßen und über ihren Durchfall lachten, ging mir auf, dass Männer keine Ahnung haben, wie oft Frauen solche Gespräche führen. In der Regel sprechen Frauen *niemals* mit Männern über die Form, die Farbe oder den Geruch einer Substanz, die diese auch nur ansatzweise für eklig halten könnten. Doch sobald wir allein sind, verwandeln wir uns in ein Rudel widerlicher Untiere. Wenn die Natur ruft, sagt eine meiner Freundinnen immer, dass sie jetzt »einen Ausflug ins Scheißhaus macht«, und eine andere behauptet, gleich »den Scheißmotor« anzuwerfen. Diese Ausdrücke würden Männer von Frauen nie erwarten, besonders nicht von solchen, die ebenso hübsch wie erfolgreich sind und das perfekte Abbild der eleganten Lady. Doch sobald diese Mädels männerfrei sind, sind sie ekliger als ein Haufen furzender Studenten in ihrer Bude.

Tatsächlich schaute letztens eine Freundin bei mir vorbei, die mich bat, mal ordentlich einen fahren zu lassen. Das tat ich und lachte mich halb tot, als sie deshalb meckerte. Die gleiche Freundin rief mich vor ein paar Jahren an und berichtete mir, dass sie in einem Taxi auf dem Nachhauseweg geschurzt hatte – also gefurzt mit brauner Beigabe.

»Ist doch egal, schließlich kennst du den Taxifahrer doch gar nicht!«, beruhigte ich sie.

»Nein, du verstehst nicht. Meine Chefin saß auch mit mir in diesem Taxi. Und ich habe ihr die Schurzerei gebeichtet, weil ich den Verdacht hatte, dass sie es riechen konnte. Und jetzt werde ich bestimmt gefeuert, weil ich mir in die Hosen gemacht habe und es dann auch noch meiner Chefin erzählt habe!« Nur fürs Protokoll: Sie wurde nicht entlassen. Na ja, zumindest nicht sofort.

Falls Sie mich in puncto Körperfunktionen jetzt für besonders unreif halten, dann denken Sie mal über Folgendes nach: Nachdem ich eine Kolumne für die *Maxim* geschrieben hatte, in der ich mich mit Frauen befasste, die gern Sex an der frischen Luft oder an anderen öffentlichen Plätzen haben, stellte ich fest, dass viele Frauen auch andere Geschäfte gern am Busen von Mutter Natur verrichten.

»Ich pisse auch ganz gern draußen«, sagte eine Frau, mit der ich sprach, nachdem sie mir berichtet hatte, dass sie gern im Garten oder im Park Sex hatte. »Vielleicht ist es einfach so, dass ich alles lieber an der frischen Luft mache.« Das hörte ich keineswegs zum ersten Mal. An einem sommerlichen Grillabend unterhielt ich mich gerade mit einer neuen Freundin, als diese plötzlich verkündete, dass sie pinkeln müsse. Ich erwartete, dass sie nun ins Haus gehen würde, aber sie machte nur ein paar Schritte in den Garten und hockte sich hin. Und während sie den Rasen goss, unterhielt sie sich weiter mit mir.

»Tut mir leid«, sagte sie. »Ich weiß, dass die Toilette gar nicht so weit entfernt ist, aber ich mache lieber draußen, weil es bequemer ist.«

Ich verstand sie voll und ganz. Als Kind pflegte ich auch lieber draußen zu kacken und hatte zu diesem Zweck sogar einen Lieblingsbusch. Doch als meine Mutter mich erwischte und damit drohte, meine Nase hineinzustecken, hörte ich damit auf. Aber wirklich, warum soll ich zehn Minuten für etwas verschwenden, das eigentlich nur zwei dauert? Moderne Sanitäreinrichtungen sind eine Errungenschaft, über die man nicht spotten sollte, aber wenn Männer unter sich sind, macht sich sicher auch keiner von ihnen auf die langwierige Suche nach einer Toilette, wenn er pieseln muss. Ich habe festgestellt, dass es einem großen Prozentsatz der Frauen ähnlich geht.

Die meisten Frauen berichteten mir, dass es einfach bequemer für sie sei, draußen zu pinkeln. Und schmutzige, wilde Mädchen fahren normalerweise auf alles ab, was Zeit und Energie spart. Wenn wir auf dem College einen trinken gingen, hockten meine Freundinnen und ich uns immer auf dem Parkplatz zum Pinkeln hin, statt drinnen in der langen Schlange zu warten. Wir setzten uns wahlweise auf die Stoßstange oder auf den Bordstein. Und danach gingen wir geradewegs wieder in die Kneipe, nichts passiert und schnell vergessen. Okay, vielleicht nicht so ganz vergessen – manchmal riecht es eben etwas.

Hohe Gaskosten

Eines versuchen Frauen in Anwesenheit von Männern immer zu kontrollieren: ihre Fürze. Doch das ist alles andere als angenehm, und so befreien wir uns von dem Druck unserer Blähungen bei jeder sich bietenden Gelegenheit. Wenn kein Kerl bei uns im Bett liegt, dann pupsen wir, was das Zeug hält. Aber wenn wir jede Nacht mit unserem Freund oder Mann verbringen, müssen wir häufig außerplanmäßige Ausflüge auf die Toilette unternehmen, um dort vor uns hin zu tröten, oder wir versuchen, es schnell zu erledigen, wenn sie gerade nicht im Zimmer sind – zum Beispiel, wenn der Kerl unter der Dusche steht oder sich gerade die Zähne putzt. Dann quetscht man einen heraus und wedelt danach wie eine Wilde mit der Bettdecke, um die schlechte Luft zu verscheuchen, bevor er wiederkommt. Derlei Szenen spielen sich weltweit in vielen Schlafzimmern ab.

Der zufällige Beobachter ertappt die Frau dabei, wie sie einen fahren lässt, wenn er sieht, wie sie bei einem Spaziergang mit ihrem Typen plötzlich stehen bleibt, um ein Schild oder ein Poster in einem Fenster genauer zu betrachten. Wenn sie eine Broschüre über kostenfreie Geigenstunden intensiv studiert, dann stehen die Chancen gut, dass sie nur deshalb an diesem Telefonmast Halt macht, weil sie Gas ablässt. Sie wird ihn schon wieder einholen, wenn sie fertig ist – Gott bewahre sie davor, dass er sich umdreht und zu ihr hinüberschlendert. Schließlich könnte er sie erreichen, bevor der Furz verflogen ist, und sie in einem sehr unangenehmen und stinkenden Augenblick ertappen.

Wenn wir zufällig in Anwesenheit eines Kerls furzen, schicken wir ein Stoßgebet zum Himmel, dass er entweder höflich reagiert und es ignoriert oder witzig und gnädig ist und es mit einem Lachen und Necken abtut. Sprüche wie »Ist hier jemand auf 'ne Ente getreten?« bringen uns bestimmt zum Lachen. Aber ein angeekeltes Gesicht und ein »Iiigitt!« sind wohl kaum eine coole Reaktion auf diese Situation. Eine meiner Beziehungskisten währte zwei Jahre, ohne dass ich jemals in seiner Gegenwart vor mich hin blähte. Und dann tat ich es doch. Wir waren auf der Straße, und ich war fest davon überzeugt, dass der Verkehrslärm das Geräusch verschlucken würde, aber er hörte es, ließ meine Hand los und sagte: »Eklig!« Verstehen Sie mich nicht falsch: Ich liebte ihn, aber die Tatsache, dass er so entsetzt darüber war, dass ich versehentlich herumgestunken hatte, stellte mich vor die Frage, ob er etwa ein paar absurde Erwartungen darüber hegte, was Frauen durften und was nicht, um sexy und feminin zu sein. Ich brauche wohl nicht weiter zu betonen, dass wir uns kurz darauf trennten. Ich will unser Zerwürfnis sicher nicht auf meinen gasgefüllten Ausrutscher zurückführen, aber seine Reaktion ließ ihn auf einen Schlag deutlich weniger cool wirken, insbesondere, da ich nie ein Wort darüber verloren hatte, wenn seine ungeheuer heißen und würzigen Fürze mich mitten in der Nacht aufweckten, nachdem wir thailändisch essen gewesen waren.

Kleine Pflichtlektüre für den Mann an Ihrer Seite: Die verdammte Rote Armee ist da

Es gibt eine spezielle Sache, die Frauen passiert, aber Männern nicht. Sie wollen auch gar nichts davon hören, reden nicht gern darüber und denken nicht gern auch nur ansatzweise darüber nach.
Genau. Ich spreche von der Periode. Zum Kotzen! Sie kommt jeden Monat, Jahr um Jahr, und das fast fünfzig Jahre lang! Sie ist schmerzhaft und lästig, sie ruiniert unsere Klamotten, und wir geben viel Geld für Hilfsmittel aus, mit denen wir sie in Schach halten. Aber gleichzeitig erinnert sie uns daran, dass in unserem Leib menschliches Leben heranwachsen kann, was gleichzeitig seltsam und Respekt einflößend ist. Doch Männer werden bei der Menstruation panisch. Ich habe da so eine Ahnung, warum das so ist – es ist das Blut. Nichts löst mehr Panik aus als Blut. Blut bedeutet Schmerz, Wunden und Tod. Aber denken Sie daran, dass die Periode dem weiblichen Körper lediglich dazu dient, ein mikroskopisch kleines Ei auszuscheiden, und dass es nirgends eine Wunde oder Schmerzen gibt. Nun ja, außer diesen verdammt heftigen Krämpfen. Wenn es uns also mal wieder ereilt, solltet Ihr Jungs nett zu uns sein und uns eine Ibuprofen holen. Wenn Ihr verstehen wollt, was eine Frau meint, wenn sie sagt: »Ich habe Bauchkrämpfe!«, dann

stellt Euch Folgendes vor. An der Imbissbude esst Ihr zwei Hotdogs und spült sie mit einer Dose Bier runter. Ja! Scheißkrämpfe. Ihr krümmt Euch vor Schmerzen und schwitzt so sehr, dass Ihr eine Gänsehaut kriegt, bis Ihr endlich auf der Toilette sitzt. Nehmt Krämpfe also bitte um Gottes Willen ernst!

Manche Frauen mögen keinen Sex, wenn sie ihre Periode haben, anderen macht es nichts aus, und wieder andere lieben es. Wenn Ihr nicht zimperlich seid und sie auch nicht, dann Applaus, Applaus. Legt Handtücher drunter, bevor Ihr anfangt, Eure Welt gegenseitig zu erschüttern. Aber niemals solltet Ihr einer Frau das Gefühl geben, eklig zu sein, weil sie gerade mal wieder die Rote Armee zu Besuch hat. Wir können schließlich nichts daran ändern, und Du bist nun mal ohne geboren, Du Loser.

3

Mehr brauchen wir zum Abendessen nicht

Erdnussbutter vom Löffel

Frauen haben eine interessante Beziehung zum Essen. Eigentlich lieben wir es. Wir essen gern, wir mögen elegante Restaurants und lieben raffinierte Mahlzeiten. Wir finden es toll, einen amüsanten Partner zu haben, für den wir kochen können und der alles, was wir zubereiten, für köstlich hält. Besonders mögen wir es, wenn jemand für uns kocht und das Endergebnis tatsächlich köstlich ist und wir nicht nur so tun müssen als ob. (Einmal quälte ich mich durch die übelste, von einem Mann zubereitete Lasagne, die ich jemals bei einem Date vorgesetzt bekommen hatte, und behauptete: »Wie köstlich!« Dabei hätte ich fast gekotzt.) Aber die meisten Frauen macht im Leben nichts glücklicher, als sich auf der Couch mit einer riesigen Schüssel ihrer Lieblings-Trost-Kalorien zusammenzurollen (das sind bei mir Käsemakkaroni oder Lucky Charms – Müsli mit Marshmallows) und dort eine ausgedehnte, zügellose Fressorgie zu genießen. Und wenn ich sage, dass es nichts Besseres gibt, dann meine ich auch wirklich *nichts*. Kein Mann, kein Sex, keine Gehaltserhöhung kann in diesem Moment mit dem Inhalt dieser Schüssel mithalten.

Unglücklicherweise sind wir Frauen komplizierte Freaks, was ein gleichzeitiges schlechtes Verhältnis zu Nahrungsmitteln nicht ausschließt. (Was denn? Keine Beziehung ist eben perfekt.) Wir hassen das, was unsere Lieblingssnacks mit unserem Arsch und unseren Hüften anstellen, wir finden es abartig, dass Salate und alles, was gut für uns ist, uns niemals so vollkommen abfüllen wie eine Pizza. Wir hassen, dass Kohlehydrate unbestritten die köstlichsten Speisen auf der ganzen Welt sind, und wir hassen es, dass unser Speiseplan enthüllt, was für schlechte Hausfrauen wir sind oder wie unglaublich nachlässig in Bezug auf unser eigenes Wohlergehen. Eigentlich erwartet man von uns, stets frisches Obst und Gemüse, Halbfettkäse und Joghurt für eine Zwischenmahlzeit parat zu haben. Vielleicht noch eine Handvoll frischer Nüsse, wenn wir Hunger haben! Aber ich kenne keine einzige Frau, die diesen Lebensstil pflegt, zumindest nicht länger als ein oder zwei Wochen. Das gilt insbesondere für widerliche Biester wie mich und meine Freundinnen. Nüsse? Gern. Aber wir bevorzugen die gesalzenen Dinger, und davon verschlingen wir eine Dose in null Komma nichts.

Feinschmeckerkost, Bioläden, Gourmet-Köche wie Julia Child – die uns spätestens aus dem Film *Julie & Julia* ein Begriff ist –, derlei Phänomene können Paare ganz schön faszinieren. Paare. Wie gern schlendern sie Hand in Hand über den örtlichen Wochenmarkt und warten aufgeregt auf die Tomaten aus traditioneller Züchtung oder auf den Beginn der Mais-Saison, damit sie frische und schmackhafte Gerichte wie Salsas und Kompott daraus zubereiten können, um sie anschließend gemeinsam zu verzehren und stolz auf ihre köstliche Leistung zu sein. Ich kenne ein Paar, dessen Welt dreht sich fast ausschließlich darum, was sie zum Frühstück, Mittag- und Abendessen auf den Tisch bringen, und sie posten ihre Mahlzeiten auf ihrer Pinnwand bei Facebook. Manchmal sogar mit Fotos. Meist handelt es sich um ziemlich seltsame und komplizierte Mahlzeiten wie Knochenmark, das in einer Brühe aus dem Uterus einer Babyziege gegart wird. Außerdem geben sie gern damit an, dass ihr Baby auch schon ein »Gourmet« ist, weil der Kleine auf Gänseleberpastete und Sushi steht.

Alleinstehende Frauen jedoch haben ein seltsames Verhältnis zum Kochen. Natürlich lieben wir eine selbst gekochte Mahlzeit, aber wir hassen das Einkaufen, Zubereiten und anschließende Saubermachen, wenn wir allein essen. Wir versuchen ebenfalls, auf den Wochenmarkt zu gehen, aber es ist ganz schön deprimierend, all die Paare dabei zu beobachten, wie sie nach frischem Basilikum Ausschau halten. Außerdem lohnt es sich gar nicht, Tomaten aus ökologischem Anbau zu kaufen, denn die verfaulen sowieso, weil wir mal wieder zum Essen ausgehen, statt uns einen biologischen Tomatensalat zu machen. Für eine Person zu kochen, ist eine solche Plage. Sich Essen nach Hause kommen zu lassen, auszugehen oder ein paar Enchiladas aufzutauen, ist leichter und macht, offen gestanden, sogar mehr Spaß. Außerdem schmeckt es besser. Wenn weder Freunde noch ein Typ, den wir mögen, über unser köstliches Grillhühnchen nach dem Rezept unserer Großmutter in einen Sturm der Begeisterung ausbrechen, warum um alles in der Welt sollten wir es dann kochen? Dann lassen wir es lieber bleiben. Bei ganz seltenen Gelegenheiten koche ich aber tatsächlich doch manchmal für mich selbst. Obwohl ich mich in einem solchen Fall immer bemühe, gesund und ausgewogen zu kochen, endet es meist damit, dass ich eine Portion Pasta mit viel Butter, Parmesan und Salz auf den Tisch stelle. Da hätte ich mir auch gleich Käsemakkaroni machen können, oder nicht?

Ein nahrhaftes Mittagessen zu bekommen, ist viel leichter als ein gesundes Abendessen, denn niemand runzelt die Stirn, wenn man außer Haus zu Mittag isst; außerdem wird dann auch viel häufiger Gemüse serviert. Aber das gilt nur, wenn Sie in einem Büro arbeiten, in dessen Nähe sich Restaurants und dergleichen befinden. Einmal arbeitete ich ein paar Monate lang von zu Hause aus, ohne eine explizite Mittagspause, in der ich mir etwas vom Imbiss in der Nähe holen konnte. Es war ganz schön schwer, mich tagsüber vernünftig zu ernähren – eigentlich vornehmlich deshalb, weil ich eine faule Socke bin. Niemals hatte ich Brot,

Majo oder Aufschnitt im Haus, um mir ein leckeres kleines Sandwich zuzubereiten. Etwas Bier war immer da, ein paar Limetten und drei halb volle, faulige Packungen rotes Thai Curry, die ich mir in den vergangenen drei Wochen beim Thailänder um die Ecke bestellt hatte. Aber abgesehen davon war mein Kühlschrank meist leer. Ich hatte noch nicht einmal die notwendigen Zutaten für Rühreier (namentlich die Eier) oder Pizza Muffins im Haus, die meine bevorzugte Nahrung zu Collegezeiten waren.

Das Mittagessen war für mich also gleichbedeutend mit Hunger oder Ausgehen. Wichtig war zudem die Bar mit kostenlosem WLAN-Anschluss. Von dort aus konnte ich weiterarbeiten und mir ein Bier bestellen, denn in einer Bar zu sitzen, ohne ein Bier zu trinken, das sähe doch komisch aus, oder? Das eine Bier verwandelte sich meist in zwei, was zur Folge hatte, dass ich danach nach Hause eilte, um mich dort aus dem Fenster zu lehnen und ein paar Zigaretten aus meinem Notfall-Pack zu rauchen. Anschließend ging ich während der Happy Hour noch mal aus, um ein paar weitere Drinks zu mir zu nehmen und kam spät am Abend mit zwei Stücken Pizza wieder nach Hause. Es war keineswegs die gesündeste Zeit meines Lebens, aber das haben doch die meisten Frauen schon mal erlebt. Es ist einfach ätzend, für eine Person zu kochen.

Als ich für den *Rolling Stone* arbeitete, hatten meine Kolleginnen allesamt eine feine Antenne dafür, wenn jemand verkatert war, denn immerhin hatte das eindeutige Auswirkungen auf unser Frühstück. Ein Mädel trank immer eine ganze Flasche Coca-Cola. Ich machte mir in aller Eile ein Brötchen mit Schmelzkäsescheiben, stopfte es in die Mikrowelle und dippte es in Senf. Wieder eine andere Kollegin schlug sich bei McDonald's den Bauch voll. Jedenfalls brachte keiner von uns Tupperdosen mit hausgemachten Thunfisch-Sandwiches mit. Wir waren alleinstehende Mädels, die am Abend zuvor keine Suppen püriert hatten, sondern ausgegangen waren. Deshalb unterstützten wir uns gegenseitig und halfen uns, den Tag mithilfe von Wurst-Baguettes oder irgendeinem Fleischgericht von einem Straßenimbiss zu überstehen. Doch damit waren wir weit davon entfernt, uns gesund zu ernähren. Eigentlich wollten wir ja so oft wie möglich gesunde Mahlzeiten zu uns nehmen, um keinen Schwabbelarsch zu bekommen.

Das Problem, wenn man viel trinkt, besteht darin, dass man nicht allzu viel über das Essen oder die eigene Nahrungsmittelauswahl nachdenkt und sich im Allgemeinen auch nicht für besonders gesundes Essen entscheidet. Nachdem man die ganze Nacht durchgesoffen hat, braucht man manchmal einfach dringend Penne à la Wodka zum Frühstück – nichts anderes wirkt. Ich habe eine Freundin, die – abgesehen von ein paar Nachos oder einer Handvoll Nüsse an der Bar – kein Abendessen zu sich nimmt, wenn sie nach der Arbeit noch einen trinken geht. Demzufolge ist sie am darauf folgenden Morgen natürlich doppelt hungrig und benötigt schleunigst eine Ladung Kohlehydrate, um den Kater zu minimieren und wieder ins Lot zu kommen. Deshalb bestellt sie sich zum Frühstück immer etwas beim Italiener. Gesund? Nein. Normal? Vollkommen. Meine Lieblingsessen, wenn ich zu viel getrunken habe, sind – abgesehen von dem bereits erwähnten Brötchen – thailändisches Curryhuhn und Frühlingsrollen. Glücklicherweise habe ich gelernt, mit den merkwürdigen Blicken zu leben, die die Lieferanten mir zuwerfen, wenn sie mir um elf Uhr morgens derlei Köstlichkeiten vorbeibringen. Und ein ebenso großes Glück ist es, dass sie auch dann nicht aufgehört haben, mir Essen zu liefern, als ich ihnen eines Tages eine Szene machte, weil sie die Cola vergessen hatten.

»Nach einer durchzechten Nacht bin ich die Königin der Fressanfälle, und danach fühle ich mich ungeheuer schuldig, weil ich mich so ungesund ernährt habe. Deshalb zwinge ich mich am nächsten Tag dazu, etwas Ekliges wie Linsen zu essen, um den Lapsus vom Vortag wieder auszubügeln«, berichtet Emi. »Wenn du deinen Körper schlecht behandelt hast, gibt es keine schlimmere Strafe als ein makrobiotisches Mittagessen.«

Ein Grund, warum die Fresserei so nervt, liegt darin, dass wir uns deshalb immer so verdammt *schuldig* fühlen. Hinzu kommt, dass wir glauben, alles falsch zu machen (zusätzlich dazu, dass wir nicht regelmäßig ins Fitnessstudio gehen und immer noch gelegentlich unsere Eltern um eine Finanzspritze bitten müssen, damit wir die Miete bezahlen können). Wir versuchen alle, Salat, tütenweise Babykarotten und Joghurt-Drinks zu kaufen, und Woche um Woche reden wir uns ein, dass wir *diesmal* leckere Salate und fettreduzierte Truthahnsandwiches zum Mittagessen einpacken werden. Wir liegen Nacht für Nacht im Bett und sagen uns, dass wir demnächst früh aufstehen, die Übungen auf der Yoga-DVD absolvieren und uns einen nahrhaften Smoothie zubereiten werden. Aber dazu scheint es nie zu kommen. Und Tag für Tag holen wir uns einen Kaffee und ein Croissant beim Bäcker und geben zwölf Dollar für Sushi zum Mittagessen aus. Dann gehen wir mit ein paar Freundinnen zur Happy Hour in die Bar und teilen uns dort wieder einmal ein bis zwei Portionen Mozzarella-Sticks. Wenn es so gut schmeckt, kann es dann wirklich so verkehrt sein?

Als Frau Anfang dreißig, die sich mit anderen ähnlich gesinnten, berufstätigen Frauen umgibt (d. h. sie haben einen festen Job, verhalten sich aber nicht notwendigerweise immer wie berufstätige Erwachsene), weiß ich eine Menge über Mädels, die immer noch eine lähmende Furcht vor Fett haben und die zwanghaft an Ernährungsgewohnheiten festhalten, die man nicht immer als »gesund« bezeichnen kann. Eine Freundin isst regelmäßig Amphetamine, weil sie nicht nur ihre Stimmung, sondern auch ihr Gewicht in Schach halten. Eine andere hungert häufig den ganzen Tag in dem Bemühen, dünn und chic zu bleiben. Und wer kennt nicht jemanden, der eine »Fastenkur« hinter sich hat, was im Grunde nichts anderes ist als hübsch verpacktes und kostspieliges Verhungern? Diese Frauen *wissen*, dass ihr Verhalten nicht gesund ist. Jeder weiß, dass der Königsweg zu einem sagenhaft straffen Body eine gesunde Ernährung kombiniert mit regelmäßigem Sport ist. Aber wenn das immer so verdammt einfach wäre, gäbe es dann in der westlichen Welt so viele übergewichtige Menschen?

»Ich kann mir eigentlich gar kein Fitnessstudio leisten«, sagt meine Freundin, die als Redaktionsvolontärin bei demselben Magazin wie ich arbeitet. »Meine Miete frisst die Hälfte meines Gehaltes auf, und der Rest geht für die Rechnungen und die Lebenshaltungskosten drauf. Wenn es draußen warm genug ist, versuche ich, ab und an Sport an der frischen Luft zu treiben, und ich kaufe Yoga-DVDs, obwohl die meistens ungeöffnet auf meinem Bücherregal enden. In Wirklichkeit weiß ich noch nicht einmal, ob es mir im Fitnessstudio überhaupt gefallen würde, vorausgesetzt ich hätte das Geld dafür. Ich würde wahrscheinlich einen Monat lang hingehen und mich dann langweilen.«

Den meisten Frauen, mit denen ich sprach, ging es genauso. Wenn sie bereits Mitglied in einem Fitnessstudio waren, gingen sie zwar hin, aber niemals so häufig wie sie *sollten*. Das gaben sie auch meistens zu. Ich kann Ihnen gar nicht sagen, wie oft ich mit meinen Freundinnen folgendermaßen chatte:

»Baaah!«

»Was ist los?«

»Ich muss heute Abend ins Fitnessstudio, aber ich hab ABSOLUT keine Lust. Was machst du so?«

»Ich gehe nicht ins Fitnessstudio. Geh doch nicht hin, wenn du keinen Bock hast.«

»Aber ich habe eine riiiesige Portion zu Mittag gegessen und ich war schon drei Tage nicht mehr dort. Und ich kriege einen megabreiten Arsch, wenn ich nicht langsam anfange, häufiger hinzugehen.«

»Hmm, dann solltest du vielleicht sofort hingehen und es schnell hinter dich bringen?«

»Aber ich will WIRKLICH nicht gehen! Gehst du einen mit mir trinken?«

»Klar.«

***

Ich hatte so ein Problem auch schon mal, als ich mich ein paar Monate lang in einem fantastischen, teuren Fitnessstudio im Rockefeller Center angemeldet hatte. Das Fitnessstudio hatte eine Bar. Nein, keine Saftbar – ich spreche von dem verborgenen Juwel einer richtigen Bar mit abendlichen Spezialdrinks (wie einem Glas gutem Wein für fünf Dollar) und Schüsseln mit kostenlosem Popcorn. Von dort aus hatte man einen Blick auf die berühmte Eisbahn, und donnerstags gab es sogar einen DJ. Die Bar war niemals überfüllt, und es gab jede Menge gemütliche Sessel. Anfangs ging ich im Fitnessstudio noch zu den Kursen und genoss meine neue, gesunde Lebensweise. Dann nahm ich den ein oder anderen Tag frei von meinem sportlichen Programm und besuchte die Bar, um mich dort mit einer Freundin oder einer Kollegin zu treffen. (Im Studio erhielt ich Gutscheine für Drinks – in Wirklichkeit sind also die Studiobetreiber schuld!) Bald schwänzte ich die Fitnesskurse ganz und setzte mich nur noch in die Bar, um dort Wein und Popcorn einzuschmeißen. Wann immer ich die ehrgeizige und überaus gewissenhafte Bohnenstange aus dem Zumba-Kurs traf, die nach dem Workout ein Wasser trank, blickte ich schuldbewusst in eine andere Richtung. Etwa zu diesem Zeitpunkt erkannte ich, dass dieses Fitnessstudio für mich sowieso viel zu teuer war, und kündigte. Ich schaue jedoch immer noch hin und wieder auf einen Drink vorbei.

Kochen für den emanzipierten Mann

Wie die Männer, so haben auch die meisten Frauen mindestens ein Gericht in ihrem Repertoire, das sie einigermaßen gut beherrschen. Aber es ist eindeutig ein Gerücht, dass alle Frauen gut kochen können. Daran ändert auch der allgemeine Gourmet-Trend nichts, angesichts dessen alle vollkommen aus dem Häuschen sind, sobald sie Wurzelgemüse einmachen oder Kräuter in ihrem Bio-Garten anbauen dürfen. Tatsächlich behaupten die meisten Frauen aus meinem Bekanntenkreis, dass sie diesen biologischen Gourmet-Trend einfach nur lästig finden, besonde7s deshalb, weil Männer sich heutzutage so intensiv mit Kochen, Fleisch und Einlegemethoden befassen, dass sie äußerst ungnädig auf Frauen herabblicken, die kein eigenes Wüsthof-Messer-Set und keinen Bräter von Le Creuset besitzen.

»Letztens traf ich mich mit einem neuen Mann. Es war einer von diesen New Yorker Renaissance-Typen, die sich für alles Kulturelle interessieren und natürlich große Gourmets sind«, berichtet eine meiner Freundinnen, die eigentlich immer im Restaurant isst, sich etwas kommen lässt oder sich ansonsten fast jeden Abend einen Wrap in der Mikrowelle heiß macht.

»Ich beschloss, für ihn zu kochen, und zwar mein einziges tolles Standardgericht: gekaufte Gnocchi mit einer cremigen Tomatensauce. Das schmeckt immer erstaunlich lecker. Jedenfalls kam er vorbei und sah zu, wie ich eine italienische Gewürzmischung in die Sauce gab. ›Du solltest frisches Basilikum benutzen!‹, sagte er. ›Ich füge ihn immer ganz zum Schluss hinzu, wenn ich Tomatensauce zubereite.‹ – Was zur Hölle sollte das denn? Er kritisierte meine Kochkünste, statt absolut aus dem Häuschen zu sein, weil ich ihm etwas Nettes kochte!«

Ich konnte diese Situation live und in Farbe vor mir sehen. Sie hatte mich einmal zu einem Barbecue eingeladen, das er gab. Er eröffnete das Mahl (Rippchen) mit einem Amuse-Gueule. Ja, ein winziger Snack vor dem Hauptgericht. Es war nicht einmal genug, um den Appetit anzuregen, aber die Tatsache, dass er es als Amuse-Gueule präsentierte, fand ich witzig. Meine Freundin und ich versuchten, nicht zu kichern. Dann servierte er die Rippchen und stellte Schüsseln mit einer warmen Flüssigkeit vor uns hin.

»Was ist das?«, fragte ich und spähte in die Schüssel, deren Inhalt ich auf der dunklen Dachterrasse nicht recht identifizieren konnte.

»Das ist keine Suppe!«, sagte er.

»Wie interessant«, antwortete ich. »Und was ist es dann?«

»Es ist eine Fingerschüssel«, antwortete er. »Zur Reinigung der Hände.« Ich beobachtete, wie er seine Finger ins Wasser tunkte und fühlte mich wie die ungebildete Nutte in *Pretty Woman*, die versucht, Schnecken zu verspeisen. Wieder fing ich den Blick meiner Freundin auf, und wir brachen unwillkürlich in Gelächter aus. *Amuse-Gueule* und Fingerschüsseln? Das war eindeutig das Barbecue eines New Yorker Snobs. Um meine Theorie zu testen, erwähnte ich, dass mir kalt sei, und fragte ihn, ob er mir etwas Warmes zum Anziehen leihen könne. Ich hoffte, dass er ein

Sweatshirt oder eine Jacke hätte. Er brachte mir eine weiche, orangefarbene Pashmina-Stola, die so schick war, das ich sie am liebsten hätte mitgehen lassen.

Das Saubermachen nach dem Kochen ist noch ätzender als das Kochen selbst

Ich kenne viele Frauen in festen Beziehungen, die eindeutig lieber die Rolle der Köchin übernehmen, weil es ganz einfach amüsanter ist, das Chaos anzurichten, als es aufzuwischen. Denn wenn Sie die Köchin sind, dann haben Sie eine Entschuldigung, warum Sie nicht auch noch die Aufräumarbeiten übernehmen können – falls Sie beides übernommen haben, das Kochen und das Saubermachen, dann sollten Sie ein ernstes Gespräch mit Ihrem Partner führen. In manchen Fällen, wenn der Mann nicht gern kocht, funktioniert diese Arbeitsteilung hervorragend. In meinen eigenen Beziehungen war das jedoch kein einziges Mal der Fall. Immer war mein jeweiliger Freund ganz offensichtlich der bessere Koch, und ich war meist blau! Einer wusste, dass ich seinem köstlichen marokkanischen Lamm-Eintopf nicht widerstehen konnte, weshalb er oft anbot, uns das Abendessen zuzubereiten. Mir blieb dann nur noch die Aufgabe, wieder einmal die Töpfe und Pfannen zu schrubben. Wir hatten keine Spülmaschine, was das Aufräumen umso widerlicher machte. Geschirr von Hand abzuwaschen macht niemals Spaß, niemals! Deshalb stapeln kleine

Dreckspatzen ihr Geschirr in der Spüle, besonders wenn sie allein leben. Die meisten von uns Frauen spülen ihre Kaffeetasse erst dann, wenn sie sie wieder benutzen wollen. Ich vermute sogar mal, dass viele von uns halb leere Kaffeebecher in der Küche herumstehen lassen und sich erst darum kümmern, wenn kleine grüne Härchen auf der Oberfläche herumschwimmen.

Der schmutzige Kühlschrank

Wie unhygienisch die meisten Menschen sind, hat eine Studie kürzlich bewiesen, deren Ergebnis war, dass der Durchschnittsmensch seinen Kühlschrank nur zweimal im Jahr auswäscht. Ich kann Ihnen versichern, dass die Durchschnittsfrau, die allein lebt, den ihren deutlich seltener säubert. Sicher, hin und wieder wirft sie sämtliche Dosen mit gammeligen Resten weg (und die Tüten mit Spinat, die niemals in dem gesunden Salat landen, den wir zur Arbeit mitnehmen), aber selten kniet sie vor ihrem Kühlschrank nieder, um das Innere gründlich zu schrubben – für den Backofen gilt übrigens das Gleiche. Tatsächlich erinnere ich mich nur an eine einzige Gelegenheit, bei der ich den Backofen gesäubert habe, und zwar, nachdem ich dort eine Klebefalle für Mäuse eingeschmolzen hatte. Ich hatte ganz vergessen, dass sie noch im Ofen war, während ich ihn vorgeheizt hatte.

Kleine Pflichtlektüre für den Mann an Ihrer Seite: Die Wahrheit über Frauen und das Essen

Wenn Ihr nicht in der Nähe seid, essen wir häufig eklige Sachen zum Abendessen. Neulich aß ich einen Teller Pommes frites und trank dazu zwei Gläser Wein. Ein paar Tage vorher hatte eine Schüssel voll Cornflakes daran glauben müssen. Das ist nicht unnormal, und wahrscheinlich macht Ihr es nicht anders, wenn keiner in der Nähe ist, der deswegen über Euch herfallen könnte.

»Manchmal reicht es mir, die Erdnussbutter mit dem Löffel zu essen«, sagte neulich eine meiner Freundinnen. Eine andere gab zu, dass ihre Schränke so leer waren, dass sie vor Kurzem zum Abendbrot eine angebrochene Flasche schalen Champagners getrunken und ein paar Gläser davon mit Marshmallows und Zigaretten kombiniert hatte.

»Ich habe mich daran gewöhnt, meinen Kaffee schwarz zu trinken, weil ich es einfach nicht schaffe, frische Milch oder Sahne in meinem Kühlschrank aufzubewahren«, berichtete mir eine andere Freundin. »Wahrscheinlich ist das gar nicht so schlecht, denn dadurch habe ich wieder ein paar Kalorien gespart!«

Wenn Ihr eine Frau bei derlei Gewohnheiten ertappt, dann macht besser keine abfälligen Witze über ihre leeren Schränke oder das fehlende frische Obst.

In festen Beziehungen überwinden wir meist unsere Faulheit und fangen vielleicht sogar an, für Euch Männer zu kochen. Wenn das von der Frau zubereitete Gericht aber komplett ungenießbar ist, dann tut Euch selbst den Gefallen und behaltet es für Euch.

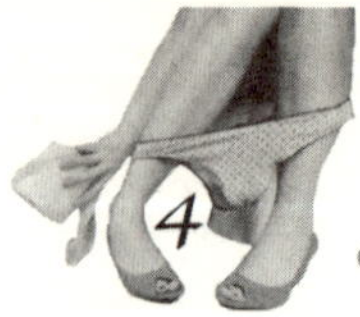

4

Die Wahrheit über schmutzige Mädchen und ihre Freundinnen

Ich habe ein Foto vom Penis vom Freund meiner besten Freundin gesehen

Einmal hatte ich einen furchtbaren Streit mit einem Kerl, mit dem ich erst seit Kurzem zusammen war. Als ich mittendrin verkündete, mich jetzt mit einer Freundin treffen zu wollen, statt mich weiter mit ihm auseinanderzusetzen, und damit, wie abartig er mich behandelte, behauptete er, dass ich meine beste Freundin lieber hätte als ihn. Das war absolut absurd, und das sagte ich ihm auch, aber gleichzeitig wussten wir beide, dass er irgendwie auch recht hatte.

Ich liebte ihn, aber es handelte sich um eine vollkommen andere Art von Liebe als die, die ich für meine Freundinnen empfand. Mit ihm konnte ich wundervolle Dinge tun. Wir konnten uns einen Zungenkuss geben und nackt die Nacht im gleichen Bett verbringen (obwohl es durchaus vorgekommen ist, dass meine Freundin und ich ebenfalls im gleichen Bett aufgewacht sind: Ich trug nur noch meine Unterhose und sie nur noch ihre Kniestrümpfe – wir waren lediglich vollkommen betrunken auf ihrem Bett eingeschlafen. Es war nichts Schlüpfriges passiert).

Meine Liebe für Männer ist einzigartig, aber dem Vergleich mit dem, was Frauen mit ihren weiblichen Verbündeten vereint, kann sie trotzdem nicht standhalten. Wir erzählen einander einfach alles.

Eine ehrliche Antwort

Ich denke gerade darüber nach, wie das Leben wohl wäre, wenn es keine anderen Frauen gäbe, mit denen ich regelmäßig über alles tratschen könnte, angefangen von den Gründen, warum ich heute meinen Boss hasse, bis hin zu der Frage, ob es komisch ist, ein cremefarbenes Kleid zu einer Hochzeit zu tragen. Meine Freundinnen sind immer da und haben immer eine Antwort parat, die geradeheraus und stichhaltig ist, eine Antwort, die nicht gedankenlos heruntergeleiert wird wie bei vielen Männern. Und wir reden auch nicht nur über den alltäglichen Kram, sondern einfach über alles, angefangen von Geld und Arbeit bis hin zu unserer Zukunft und den Tod. Die Kommentare meiner Mädels sind durchdacht, interessant und witzig. Und das Beste ist: Alle scheinen sich brennend für die albernsten Dinge der Welt zu interessieren. Jeder auch noch so sensible Typ wäre schon längst wahnsinnig geworden.

Mein Freund ist *einigermaßen* sensibel. Manchmal. Er weint wahrscheinlich, wenn seine Lieblingsfußballmannschaft ein wichtiges Spiel verloren hat, und er gurrt wie ein kleines Mädchen, wenn er Bilder von Babyäffchen und Filme von kleinen Kätzchen sieht. Aber jeden Morgen, wenn ich ein paar nette Worte über mein Outfit brauche, bevor ich mich der Welt stelle, lässt er mich rücksichtslos im Stich. Das sind die Momente, in denen ich mir wünsche, eine meiner Freundinnen wäre da.

Unsere Gespräche laufen normalerweise folgendermaßen ab: »Ist es deplatziert, heute zu dem PR-Gespräch mit diesen alten Knackern im Carlyle ein Minikleid zu tragen?«

»Hä?«

»Ich fragte, ob du dieses Kleid für zu kurz hältst, um es in einem Meeting zu tragen? Die Kunden sind noch von der alten Garde.«

»Nein. Keine Ahnung. Was meinst du denn?« (Ich glaube, dass es zu kurz ist. Also ziehe ich mich um.)

»Warum hast du dich umgezogen? Ich fand, dass du in dem Kleid gut aussiehst.«

Kürzlich kam ich aus dem Schlafzimmer mit einem olivgrünen T-Shirt-Kleid mit schwarzen Strümpfen und schwarzen, hochhackigen Stiefeln. Als ich es anzog, kam mir das Outfit noch ausgesprochen chic vor, aber auf meinem Weg zur Wohnungstür erhaschte ich einen Blick auf mein Spiegelbild und erkannte, dass ich irgendwie aussah wie eine nuttige Militärkrankenschwester.

»Hey, sehe ich aus wie eine nuttige Krankenschwester aus dem Zweiten Weltkrieg?«

»Hä?«

»Ich habe das Gefühl, ich sehe aus wie frisch aus einem Nachkriegspornofilm entsprungen, und als sei ich bereit, Sex mit sämtlichen verwundeten Soldaten zu haben, die ich versorgt habe. Stimmt das?«

»Nein. Was? Keine Ahnung. Was glaubst du denn?«

Ich beschließe, dass mein Outfit schon okay ist, insbesondere deshalb, weil mir die zweite Meinung fehlt. Als ich später meine Freundinnen zur Happy Hour traf, sagte eine von ihnen natürlich sofort: »Hübsches, sexy Krankenschwestern-Outfit.«

Warum Mädchenhasserinnen ätzend sind

Eines Abends traf ich einen Typen, den ich gerade datete, in einer Bar. Wir waren noch nicht allzu lange zusammen, und er brachte seinen Freund Ben mit, und Ben wiederum brachte auch eine Frau mit. Sie war offensichtlich sehr in Ben verknallt. Kurz nachdem ich angekommen war, nahm sie mich beiseite und versuchte, ein paar Insider-Informationen aus mir herauszuquetschen: »Wie lange ist er denn schon Single? Spielt er nur mit Frauen? Verschwende ich meine Zeit mit ihm?« Ich kannte Ben eigentlich gar nicht so gut, deshalb unterhielt ich mich lieber ausführlich mit ihr darüber, woher sie kam und was sie beruflich machte, und betete ihr vor, was für ein netter Kerl er war und dass sie wirklich ein hübsches Paar abgaben.

»Ich mag dich!«, erklärte sie plötzlich unvermittelt und sturzbetrunken.

»Ich mag dich auch!«, antwortete ich. Das tat ich tatsächlich. Ich habe immer etwas übrig für Frauen, die gern einen trinken, obwohl ich fand, dass sie von diesem Typen ein bisschen zu besessen war, zumal sie bislang nur ein einziges Mal mit ihm aus gewesen war.

»Nein, ich meine, das hier ist anders, denn ich hasse Mädchen«, sagte sie.

Oh, guter Gott im Himmel. Ich hatte mich auf ein Gespräch mit einer Mädchenhasserin eingelassen! Ironischerweise hasse ich solche Frauen! Warum sind so viele weibliche Wesen selbst ernannte Frauenhasserinnen?

Bens Date fuhr fort: »Ja, ich mag eigentlich nur Jungs. Ich finde Mädels ätzend – sie sind nichts als fade Trantüten. Ich trinke gern Whiskey mit Jungs. Du bist das erste Mädchen, das ich kenne, das ich nett finde. He, Süßer! Ich mag dieses Mädchen. Die solltest du dir warmhalten! Die ist echt cool!«, rief sie meinem neuen Freund zu. Ich rollte mit den Augen.

Sie war nicht die erste Frau, die mich wissen ließ, dass sie andere weibliche Wesen nicht mochte – oder dass sie nur auf Männer stand. Derlei Verkündigungen machen mich wahnsinnig. Was heißt das denn überhaupt? Dass das Mädel etwas für Sport übrig hat? Das sie viel Alkohol verträgt? Dass sie ein dreckiges Mundwerk hat und sagt, was sie denkt? Die meisten Frauen, die ich kenne, sind genauso – vielleicht abgesehen von der Sache mit dem Sport – aber ich habe auch schon ein paar wirklich Furcht einflößende, unflätige Tussen im Yankee Stadion gesehen.

Die Wahrheit ist, dass eine Frau ohne gute Freundinnen dem Untergang geweiht ist. Die Frau, die ihresgleichen ätzend findet, betrachtet alle anderen Frauen als Bedrohung für ihre potenziellen Beziehungen mit heißen Typen, und das muss einfach danebengehen. Falls sie diesen heißen Typen nämlich an Land zieht und später dann doch beschließt, dass er ein hirnloser Sexbolzen ist und ihn deshalb wieder in die Wüste schickt, wer zum Teufel wird mit ihr endlos lange beim Brunch über diesen Typen reden? Das Leben einer Frauenhasserin ist echt einsam.

Ich wünschte, Mädchenhasserinnen würden aufhören, andere Frauen als Konkurrentinnen zu betrachten. In Wirklichkeit sind andere Frauen ihre Verbündeten. Männer sollten Mädchenhasserinnen misstrauisch begegnen. Eine Frau ohne Freundinnen ist wahrscheinlich zehnmal so eifersüchtig auf die täglichen Interaktionen eines Mannes mit anderen Frauen wie normal, sogar auf die betagte Krankenschwester, die im Krankenhaus ein Thermometer in seinen Arsch schiebt.

»Was glaubt diese Nutte denn, wer sie ist?«, wird sie dann schreien. »Hast du etwa mit ihr geflirtet? Hat es dir gefallen? Du mieser Betrüger!« Und wenn er dann tatsächlich zum miesen Betrüger mutiert, na ja, dreimal dürfen Sie raten, wem die Frau dann die Schuld gibt. Genau: der anderen Schlampe. »Und genau darum hasse ich Frauen!«, wird sie dann ausrufen, ohne dass ihr jemand zuhört. Sie hat ja keine Freundinnen.

Worüber Frauen und ihre Freundinnen reden

Frauen können über alles reden. Mir hat man mal vorgeworfen, dass ich ja nur mit einer Freundin herumhinge, um zu trinken und zu rauchen. Das stimmt natürlich, aber währenddessen reden wir auch miteinander. Wir sprechen über die Arbeit, über berufliche Unsicherheiten, wir stärken gegenseitig unser Ego und erzählen einander, wie großartig wir in unserem jeweiligen Job sind. Wir entwickeln kluge Pläne und Geschäftsideen wie Port-o-Patties, also pinkfarbene, mobile Toiletten für Frauen – mit Spiegeln und Haken an der Rückseite der Türen, denen das Toilettenpapier nie ausgeht. Die Benutzerinnen müssten einen Dollar bezahlen, wären dafür aber nicht auf die anderen, oft ekligen, öffentlichen Toiletten angewiesen. Sobald wir wieder nüchtern waren, war uns natürlich klar, dass wir eigentlich keine Lust hatten, ins Abfallgeschäft einzusteigen.

Außerdem rede ich stundenlang mit meinen Freundinnen über die Familie, wobei wir alle dysfunktionalen Beziehungen analysieren, die wir zu unseren Kollegen, Eltern oder Geschwistern haben. Dann bestätigen wir uns gegenseitig, dass wir doch eigentlich gut dran sind und glücklich sein können, weil wir Familien haben – zumindest meistens. Manchmal stehen einem die Freundinnen näher als die eigene Familie – sie können einem objektiv bestätigen, dass die eigene Mutter die Schwester bevorzugt, auch wenn das nicht allzu viel ändert.

Doch wie die meisten Frauen wissen, drehen sich viele

unserer Gespräche um die Beziehung mit wichtigen anderen Menschen. Ich sage es nicht gern, aber wir verbringen unverhältnismäßig viel Zeit damit, über Jungs zu reden.

Was ich über die Männer meiner Freundinnen weiß

Was weiß ich über die Freunde meiner Freundinnen? Zu viel!

Ich weiß viel, viel zu viel über die Jungs, mit denen meine Freundinnen zusammen sind, und ich spreche dabei nicht über die freundliche Geste von neulich Abend oder darüber, wie nett es war, dass er eine Gänseleberpasteten-Tour durch New York City an ihrem Geburtstag plante. Sicher, das weiß ich, aber ich weiß auch, dass sie auf einer zweiwöchigen Reise nach Afrika nur zweimal Sex hatten. Ich weiß, dass er es mag, wenn man ihm den kleinen Finger in den Arsch steckt, und ich kenne die genaue Form, Größe und Länge seines Schniedels. Seine Freundin hat mir ein sehr anschauliches Bild davon vermittelt, wenn nicht gar ein Foto davon gezeigt. Viel zu häufig verlaufen typische Unterhaltungen von zwei Mädels folgendermaßen:

»Und wie ist der Sex mit ihm?«

»Er hat einen geilen Pimmel. Ich hatte ja schon (Name des Ex-Freundes)'s für groß gehalten, doch jetzt weiß ich, wie mickrig der in Wirklichkeit war. So was hab ich noch nie gesehen! Ich hab ja fast schon Angst davor, mit ihm zu schlafen. Er ist so dick wie eine Cola-Dose.«

»Heilige Scheiße! Du Glückliche.«

»Ja, und warte, ich hab ein Foto dabei.«

»Verdammt, du hast nicht gelogen. Ich hasse dich.«

Ich kann Ihnen gar nicht sagen, wie viele Fotos seltsamer Penisse ich in meinem Leben schon gesehen habe. Seit es Smartphones, Webcams und Digitalkameras gibt, ist es bei Frauen ein allgemeiner Trend, Schnappschüsse von Schwänzen zu machen und sie in der Happy Hour herumzuzeigen. Tatsächlich geschah das eine Weile so häufig, dass ich mir unwillkürlich die Frage stellen musste, ob ich jetzt wieder einen Penis zu sehen bekam, wenn eine Freundin mir verkündete, dass sie mir etwas zeigen wolle. »Entspann dich«, sagte sie dann vielleicht. »Auf dem Foto blase ich ihm gerade einen, aber du siehst eigentlich keine schmutzigen Details.«

Let's talk about sex

Ich weiß, es ist keine grundlegend neue Information, dass Frauen miteinander über Sex reden, aber manchmal glaube ich, nichts anderes zu hören, wenn ich mit meinen Freundinnen zusammen bin. Die folgenden Unterhaltungen habe ich vor Kurzem tatsächlich geführt:

Unterhaltung 1
»Hey Gillian, kommst Du auch ins 2A, um mit Jenny auf ihren Geburtstag anzustoßen?«

»Klar. Hab ich dir eigentlich schon erzählt, dass ich dort mal auf der Toilette Sex hatte?«

»Lustig, ich auch!«

Unterhaltung 2

»Soll ich mich vielleicht auf eine Stelle bei dieser anderen Zeitschrift bewerben, wenn die besser bezahlt ist, obwohl ich dort eine schlechtere Position hätte?«

»Ja, mach das. Oh mein Gott, hab ich dir schon erzählt, dass Jackie behauptet, dass sie den ganzen Monat noch keinen Sex hatte?«

»Nicht mal mit ihrem Mann?«

»Ja, sie denkt schon darüber nach, etwas mit dem Kerl anzufangen, der in dem Café in der Etage unter ihr arbeitet. Er hat Rastalocken. Anscheinend hatte sie schon immer was für Rastas übrig.«

»Haha, Rastas!«

Unterhaltung 3

»Ich will ja hier nicht zu viel erzählen, aber gestern Abend hat es Sam mir mit der Zunge besorgt, und es war das Beste, was ich bisher erlebt habe.«

»Der Junge Sam oder das Mädchen Sam?«

»Das Mädchen Sam. Ich hab bei ihr die Nacht verbracht.«

»Oh süß. Seid ihr beiden jetzt ein Paar?«

»Keine Ahnung. Sie sagt, sie sei noch nicht bereit für eine Beziehung. Aber ich möchte sie am liebsten pausenlos ficken.«

»Und was ist mit dem männlichen Sam passiert?«

»Oh, der schickt mir immer noch schmutzige SMS den ganzen Tag. Ich glaube nicht, dass ich mit ihm schlafen kann – er hat sich mit Pornostars getroffen, als er in L. A. wohnte. Vermutlich hat er einen dreckigen Schwanz.«

»Ja, das Letzte, was du jetzt brauchen kannst, sind Filzläuse.«

»Eben.«

Unterhaltung 4

»Hast du gehört, dass Joe letzte Woche mit Julie geschlafen hat?«

»Oh mein Gott, das müssen wir Alison erzählen.«

»Ich glaube, da hatten sie sich schon getrennt.«

»Trotzdem ist das verdammt scheiße.«

»Nein, verdammt scheiße ist nur, dass Julie jetzt glaubt, dass Joe sich in sie verliebt hat und immer in sie verliebt war, und sie droht damit, Alison alles zu erzählen.«

»Blöde Kuh. Die hat sie doch nicht mehr alle. Der Kerl ist doch so was von nicht verliebt in Julie. Will sie wirklich mit Alison reden? Ach, ich kann's kaum erwarten zu hören, wie es ausgegangen ist! Oder ist das gemein?«

»Nein, wir sind alle ziemlich gespannt.«

Platonische Freundschaften

Einer der einprägsamsten Sätze aus *Harry und Sally* lautet: »Männer und Frauen können nie Freunde sein.« Woraufhin die Frauen protestierten: »Natürlich können wir das! Mein Kollege Jeff ist einer meiner besten Freunde in der ganzen Stadt! Wir sind die ultimativen platonischen *best friends*!« Aber ich glaube, dass wir alle tief im Innersten wissen, dass Jeff – wenn er keinen ernsthaften Schaden hat – ein potentieller Ersatzmann ist, falls die Dinge mit unserem Freund (oder mit Jeffs Partnerin) sich nicht so entwickeln, wie wir wollen. Natürlich stimmt das nicht immer, aber eigentlich kennen wir platonische Freundschaften mit Männern doch nur, wenn der Kerl absolut abstoßend aussieht.

Das, was Frauen am ehesten davon abhält, sich mit ihrem allerbesten Freund einzulassen, ist die Furcht, dadurch vielleicht alles zu verderben. Die Vorstellung, mit unserem besten Freund im Job in eine peinliche Situation zu geraten, ist uns zuwider. Sehen wir den Tatsachen ins Auge: Sobald wir es jemandem erlauben, seinen Pimmel in unsere Möse zu stecken, ist es deutlich schwerer, hinterher mit ihm über die Kollegin abzulästern, die nur ihr hausgemachtes Hummus im Kopf hat, oder auch nur gemeinsam eine unschuldige Kaffeepause zu verbringen. Wenn Sie es mit Ihrem Freund im Büro zu weit treiben, werden Sie vielleicht irgendwann etwas nervös und fragen sich, ob er Sie mag. Oder er dreht plötzlich den Spieß um und fragt Sie, ob Sie mit ihm nach der Arbeit einen trinken gehen wollen, um über die Qualität ihrer Beziehung zu reden.

Der beste platonische Freund der Frauen ist jemand, den wir uns mental irgendwie warmhalten, für den Fall, dass die Sterne mal nicht so gut für uns stehen. Aber meistens ist er keine direkte Bedrohung. Wir haben es irgendwann alle mal probiert und schnell entdeckt, dass es einfach nicht sein sollte. Natürlich gibt es Ausnahmen zu dieser Regel, und manchmal stellt sich heraus, dass der Kerl Ihrer Träume Ihr platonischer bester Freund ist – wie in schlechten Jennifer-Garner-Filmen. Es passierte bisher nur ein einziges Mal, dass ich glaubte, mich in meinen besten platonischen Freund zu verlieben und deshalb anfing, mit ihm zu schlafen. Bis er dann irgendwann von einer Auslandsreise zurückkam, ein paar Martinis mit mir trinken ging und berichtete, dass er »eine wundervolle Frau« kennengelernt habe. Dann bat er mich, ihm dabei zu helfen, Unterwäsche für sie zu kaufen, was ich pflichtbewusst auch tat, denn immerhin war er mein bester Freund. Ich schämte mich viel zu sehr, ihm zu erzählen, dass ich gehofft hatte, dass er sich in mich verliebt hätte. Blöder Arsch.

Gute Freunde für Gelegenheitssex

Einmal schrieb ich eine Kolumne für die *Maxim* über gut befreundete Männer und Frauen, die gelegentlich auch mal Sex miteinander haben. Die meisten Frauen waren sich einig, dass man genauso gut komplizierte Reparaturarbeiten im Haus selbst übernehmen kann, um Geld zu sparen. In der Theorie ist das sicherlich eine gute Idee, aber es funktioniert nur sehr selten. Unglücklicherweise entwickeln Frauen unweigerlich Gefühle für jemanden, nachdem sie zum zweiten Mal mit ihm geschlafen haben, auch wenn der Kerl nichts weiter als eine Kröte ist. Ich weiß nicht warum, aber es ist irgendein grausamer biologischer Streich, den Mutter Natur uns spielt, und wahrscheinlich hat er einen tieferen Grund, der mit der Fortpflanzung der Menschheit zu tun hat. Das Phänomen, dass bei einem Paar auf der Straße die Frau zwanzigmal attraktiver ist als der Mann, ist Ihnen sicher nicht unbekannt? Sie hatte einfach nur ein paar Mal guten Sex mit ihm. Für die hässlichen Typen ist es so einfach! Aber wirklich fair ist es nicht.

Kleine Pflichtlektüre für den Mann an Ihrer Seite: Warum Jungs Angst vor Ihren besten Freundinnen haben sollten

Haben nicht alle Männer jenen ewig alleinstehenden Freund, der ihnen bei Dates zur Seite steht und den Rücken stärkt, und der ihnen später dauernd erzählt, wie viel sie verpassen, weil sie in einer festen Beziehung leben? Bei Frauen ist es nicht anders. Egal wie geordnet ihr Leben verläuft, irgendeine Freundin tut immer so, als ob es auf der anderen Seite besser ist, oder versucht uns davon zu überzeugen, dass wir es besser haben könnten.

Als ich mich in einer langjährigen Beziehung befand, die nicht allzu gut funktionierte, freundete ich mich mit einer Kollegin an, die in meiner Nähe wohnte und ebenfalls in einer langjährigen, nicht allzu erfreulichen Beziehung feststeckte. Wir fuhren im gleichen Zug nach Hause und unterhielten uns dann noch so lange an der Haltestelle, bis eine von uns vorschlug, noch schnell einen Drink zu nehmen, bevor wir nach Hause gingen und uns mit unseren nicht allzu gut laufenden Beziehungskisten auseinandersetzen mussten. Meist wurden daraus zwei Drinks – und wir beklagten uns über unsere jeweilige Situation und unser Leben. Dieser kleine Umweg hatte wiederum zur Folge, dass wir beide Stress mit unserem jeweiligen Freund hatten, weil wir eine Stunde zu spät und mit einer Weinfahne nach Hause kamen. Ich berichtete meiner Freundin von meinen Problemen, und sie sagte Dinge wie: »Weißt du, du könntest wirklich ein besseres Leben haben. Ich meine, willst du vielleicht ein Kind mit einem Typen, der den ganzen Tag lang Videospiele spielt, statt sich nach einem neuen Job umzusehen?« Sie hatte recht, genau das hatte ich hören wollen. Das tun Freundinnen nun einmal füreinander.

Ich wiederum sagte zu ihr: »Weißt du, ich finde es schon sehr seltsam, dass dein Freund mit seinem Boss und dessen Freundin innerhalb der Woche bis drei Uhr nachts wegbleibt und Koks schnupft. Das kommt mir wie ein abgedrehtes Swinger-Ding vor.«

So ermutigten wir einander, unsere Beziehungen zu beenden, was nicht so einfach war. Eineinhalb Jahre später gingen wir wieder etwas zusammen trinken und prosteten einander zu, weil wir unsere Arbeit hervorragend erledigt hatten.

»Gott sei Dank hast du mich davon überzeugt, dass ich ein besseres Leben haben könnte«, bedankte ich mich bei ihr und hob mein Glas. Ich war glücklich, denn nun hatte ich eine sicherere und interessantere Beziehung mit jemandem, der mit meinem Tempo Schritt halten konnte.

»Und Gott sei Dank hast du mir die Augen geöffnet und mir klargemacht, was für ein gemeiner Warmduscher mein Ex war, als ich wieder mit ihm zusammenkommen wollte«, antwortete sie. »Wäre ich bei ihm geblieben, hätte ich wahrscheinlich nie erkannt, dass ich doch eigentlich eine Lesbe bin.«

»Darauf trinke ich!«

»Na denn Prost!«

Der Punkt ist folgender: Wenn Frauen an Euch Jungs zweifeln oder sich von Euch nicht genug unterstützt fühlen, Euch nicht für freundlich genug halten, glauben, dass Ihr nicht häufig genug mit ihnen schlaft oder Ähnliches, dann erzählen sie alles ihrer Freundin. Die antwortet dann garantiert, dass man doch etwas Besseres verdient hätte. Wenn Ihr also den Verdacht habt, dass Eurer Freundin jemand den Floh ins Ohr gesetzt hat, Euch fallenzulassen und weiterzuziehen, dann habt Ihr mit der Vermutung sicher recht: Mit Sicherheit ist ihre beste Freundin schuld. Und wenn letztere wiederum Single ist? Dann ermutigt sie die Freundin sogar dann zur Trennung, wenn die Beziehung gut läuft, nur weil sie Langeweile hat und jemanden haben will, mit dem sie um die Häuser ziehen kann. Seid also wachsam! Frauen können ziemlich skrupellos sein.

5

Lügen, die wir den Männern auftischen

Du bist der Beste, den ich je hatte, und ich habe nur mit neun Typen geschlafen

Ich bin fest davon überzeugt, dass alle Frauen sehr, sehr gute Lügnerinnen sind.

In der Vergangenheit hat man uns Frauen erzählt, dass Männer Lügner, Fieslinge und Betrüger sind. Es gibt viele warnende Geschichten über die Drecksäcke, die hinter dem Rücken der Partnerin andere Frauen haben oder ein Doppelleben führen. Von uns wird erwartet, dass wir uns einfach mit der Tatsache abfinden, dass Männer abgebrühte Ärsche sind, die ihre Frauen übers Ohr hauen und ausschließlich faule Lügen erzählen. (»Wir haben echt Stress hier in Vegas, das schwöre ich dir, Liebes. Das hier macht mir mal wieder klar, wie viel Glück ich habe, dass ich seit acht Jahren eine angenehme, monogame Beziehung mit dir habe! Außerdem habe ich mein Alkohol- und Drogenproblem vollkommen überwunden.«)

Männer sind nichts weiter als ein schleimiger, stinkender Riesenhaufen Scheiße. Frauen hingegen sind süß und immer nett. Sie betrügen nicht und ganz bestimmt lügen sie auch nicht. Meine Güte. Allein das ist schon eine Lüge.

Frauen sind eindeutig *skrupellos*, wenn es darum geht, von der Wahrheit abzuweichen. Ich habe schon einige faustdicke Lügen in meinem Leben gehört (und auch schon selbst erzählt). Die Leichtigkeit und das beeindruckende schauspielerische Talent, mit denen diese Lügen aufgetischt werden, sind schon sehr erstaunlich. Ich denke, der Grund, warum Frauen mit diesem Scheiß davonkommen, ist, dass uns das niemand zutraut. Insofern ist es schon echt super, eine Frau zu sein. Mir hat sogar mal ein Mann gesagt, dass Frauen seiner Meinung nach nicht zum Betrug oder zur Lüge fähig seien. So gut sind wir also darin. Sie haben nicht den leisesten Schimmer.

Lüge Nummer eins, die wir unserem Partner präsentieren

In jeder neuen Beziehung kommt irgendwann der Zeitpunkt, den eine Frau mehr als alles in der Welt scheut und fürchtet. Nein, es ist nicht das erste Mal, dass wir mit ihm schlafen. Und es ist auch nicht die Frage: »Hast du dich auf HIV testen lassen?« Nein, der Augenblick, den wir in der neuen Beziehung am meisten fürchten, ist der, wenn der Kerl fragt, mit wie vielen Menschen wir schon Sex hatten. Ich garantiere Ihnen, dass die Antwort in fünfundneunzig Prozent aller Fälle eine große, fette Lüge ist.

Eine gute Freundin von mir hat mit etwa vierzig Männern geschlafen. Sie ist dreißig, stets in Feierlaune und liebt Sex. Dagegen ist nichts einzuwenden – nach viel Alkohol und

Tanz hat sich da eben einiges angesammelt. In überfüllten Bars und auf Partys riss sie ein paar süße, verschwitzte Jungs auf und feierte in der Regel zu Hause weiter. Sie benutzte stets Kondome und war froh und glücklich, wenn die Kerle ihre Wohnung morgens wieder verließen. Sie hatte also keinen Nutten-Komplex und fühlte sich auch nicht ausgenutzt. Aber dennoch schämte sie sich, dass ihre Strichliste so umfangreich war, und um nichts in der Welt hätte sie einem Typen erzählt, mit wie vielen Männern sie schon geschlafen hatte. Ich fragte sie, was sie ihrem Freund gesagt hatte, als sie »das bewusste Gespräch« führten. »Neun«, antwortete sie.

Ach ja, neun. Die magische Zahl. Hoch genug, um glaubwürdig zu sein, aber nicht im zweistelligen Bereich, bei dem die meisten Männer die Krise kriegen. Ich kenne viele Frauen, die diese Antwort gegeben haben. Ich selbst gehöre auch dazu.

»Was soll ich sagen? Soll ich etwa zugeben, dass ich Sex mit vierzig Typen hatte, von denen ich den größten Teil noch nicht mal kannte?«, fragte sie. »Das funktioniert nicht! Ich bin ziemlich sicher, dass ich keinem Kerl je die Wahrheit sagen werde, noch nicht einmal dem Menschen, mit dem ich den Rest meines Lebens verbringen will.«

Kluger Entschluss. Warum sollten wir bei diesem Thema ehrlich sein? Wir wissen alle, dass Männer so viele Frauen oder Männer vögeln können wie sie wollen, ohne dass jemand eine große Sache daraus macht. Aber eine Frau soll keusch sein und auf keinen Fall mit mehr als neun Leuten schlafen, sonst gilt sie als dreckige Hure. Aber Jungs sind verrückt, wenn sie tatsächlich annehmen, dass Sex für uns nicht an der Tagesordnung ist. Wer wäre denn sonst für all die One-Night-Stands zuständig? Etwa Mädels, die nur neun Sexualpartner im Leben hatten? Als ich eine Kolumne für die *Maxim* über dieses Thema schrieb, fragte ich meinen damaligen Freund, was er von Frauen hielt, die viele Sexualpartner haben. Wir beide hatten »das bewusste Gespräch« bis zu diesem Tag nicht geführt, vornehmlich deshalb, weil keiner von uns es jemals angeregt hatte. Ich wollte gar nicht wissen, ob er mit achtzig Tussen geschlafen hatte, und er musste nicht wissen, dass ich bei einem Musik-Festival einen vollkommen Fremden in meine Liste aufgenommen hatte.

»Was hältst du denn für eine hohe Zahl bei Frauen?«, fragte ich ihn beiläufig, als wir händchenhaltend noch einen Spaziergang um den Block machten und überlegten, was wir zum Abendessen machen wollten.

»Ich meine, alles über …«, begann er.

Ich hielt den Atem an. »Sag dreißig!«, versuchte ich ihn kraft meiner Gedanken zu beeinflussen. »Irgendeine hohe Zahl!«

»Zwölf.«

»Zwölf?«, fragte ich ihn. »Das hältst du für eine hohe Zahl?« Er warf mir einen Blick zu, und ich wandte schuldbewusst den Kopf ab.

»Ja, das ist eine hohe Zahl!«, sagte er. »Findest du nicht?«

»Hm, ich hätte vielleicht eher an zwanzig oder dreißig gedacht«, entgegnete ich erwartungsvoll. Seine Reaktion ließ nicht auf sich warten. Er tat, als müsse er auf den Bürgersteig kotzen.

»Zwanzig! Ist ja ekelhaft!«, rief er. »Wer hat denn schon

Sex mit zwanzig verschiedenen Kerlen? Das ist ja total nuttig. Bäh!«

Verdammt. Ich hatte immer schon vermutet, dass ich total nuttig bin, und nun hatte ich die Bestätigung.

»Aber wenn eine Frau seit ihrem sechzehnten Lebensjahr Sex hat und jetzt achtundzwanzig ist, dann hat sie doch durchschnittlich nur zwei Sexualpartner pro Jahr. Was ist mit dem College, wenn Mädels viel Sex haben mit …«

»Sechzehn? Wer hat denn schon Sex mit sechzehn und dann zwei Partner im Jahr?« Oh je. Es stellte sich heraus, dass mein aufgeklärter Freund keine Ahnung von Frauen hatte.

»Oh, ich weiß nicht«, sagte ich. »Totale Schlampen, wahrscheinlich. Aber ist ja eigentlich auch egal, weil ich selbst mit nicht annähernd so vielen Männern geschlafen habe. Ich hatte nur viele Kumpels und konnte die Zahl insgesamt wirklich niedrig halten. Ich bin noch nicht mal im zweistelligen Bereich! Aber wir wollen nicht weiter über uns reden. Hast du vielleicht heute Abend Lust auf Mexikaner? Ich habe Heißhunger auf Tacos und Margaritas. Hmmm, klingt das nicht gut?« Ich gab ihm einen Kuss auf die Wange. Dabei schämte ich mich nicht im Geringsten dafür, dass ich dem Mann, den ich liebte, eine große, fette, infame Lüge erzählt hatte.

An die Lüge glauben

Eine gute Freundin von mir ist eine zwanghafte Lügnerin, wenn es um ihre Partner geht. Sie behauptet, dass alles mit einem Freund begann, der ein eifersüchtiger Kontroll-Freak war und vor Wut raste, wenn sie so etwas Unschuldiges tat, wie sich bei einer Freundin im Fernsehen das Promi-Dinner anzusehen und ein Glas Wein zu trinken, obwohl noch ein anderer Mann in der Nähe war. Also begann sie, Details auszulassen, von denen sie glaubte, dass sie ihn eifersüchtig machen könnten. Dagegen ist doch nichts einzuwenden, oder? Nur dass es bald zu einer schlechten Gewohnheit wurde, den Mann, mit dem sie ausging, im Hinblick auf jede Kleinigkeit zu belügen, auch wenn er kein gestörter, eifersüchtiger Freak wie ihr erster Lover war. Die Eifersucht dieses traurigen Individuums hatte sie in ein Lügenmonster verwandelt.

»Gestern Abend wurde es im Büro etwas später und mein Freund rief an und fragte, ob sonst noch jemand im Büro sei außer mir. Ich antwortete automatisch mit Nein«, bekannte sie und fügte hinzu, dass in Wirklichkeit noch einer ihrer Kollegen dort gewesen sei. »Ich weiß nicht, warum ich ihm das nicht gesagt habe. Zwischen dem Typen und mir läuft absolut gar nichts; er ist um die vierzig, übergewichtig und unattraktiv. Ich bin es halt gewohnt, in solchen Situationen lieber zu lügen.«

Wie bereits erwähnt, ist die Leichtigkeit, mit der den meisten Frauen Lügen über die Lippen gehen, erstaunlich. Eine Freundin von mir nannte es »an die Lüge glauben«.

»Du musst nur fest daran glauben«, sagte sie zu mir, als ich meine Rede übte, mit der ich meinem Freund erklären wollte, warum ich ihn nicht angerufen hatte oder zu ihm gekommen war, wie ich vorher versprochen hatte. Der Grund, warum ich Letzteres versäumt hatte, war der, dass ich ein paar Dirty Martinis getrunken hatte und schließlich in einem heruntergekommenen Club gelandet war, um dort einen Strip hinzulegen. Anschließend hatte ich die Nacht auf der Couch eines Kollegen verbracht und vielleicht sogar ein bisschen mit ihm herumgemacht.

Und das kam so: Ich war noch auf dem College. Eines Abends hatte ich viel zu viel getrunken und war mit ein paar Freundinnen zu diesem wirklich traurigen, leeren Stripper-Club in North Beach in San Francisco gefahren. Sie hatten mich provoziert, hatten behauptet, dass ich es nie wagen würde, auf die Bühne zu gehen und mich auszuziehen. Es war die Nacht der Amateure, fast keiner war da, und sie spielten Prince. Also nahm ich die Herausforderung an. Meine Freundinnen nennen es den Kuckuck-Spieleabend, denn ich trug einen dieser kindlichen BHs, die Frauen mit wenig Busen bevorzugen und die vorn geschlossen werden. Auf der Bühne öffnete ich ihn und spielte mit jeder Brust Kuckuck, gab also dem Publikum (bestehend aus zwei alten Männern, einem gelangweilten Barkeeper und zwei hysterischen Freundinnen) immer mal einen winzigen Blick auf meine Brüste frei. Aber ich schweife ab. Am nächsten Tag erwachte ich mit dem Gesicht nach unten auf einer fremden Kunstledercouch. Ich hatte einen heftigen Wodka-Kater und schreckliche Flashbacks – ein Strip, das Herumknutschen mit dem Kollegen, bei meinem Freund hatte ich mich auch nicht gemeldet, und heilige Scheiße: Es war zwei Uhr mittags! Also rief ich sofort meine beste Freundin an, um ihr die grauenhafte Situation zu schildern.

»Komm sofort her«, sagte sie. »Ruf nicht bei deinem Freund an, bis wir nicht ausgeklüngelt haben, was du zuerst sagen wirst.« Ich stimmte ihr zu. Ich war nicht in der richtigen Verfassung für klare Entscheidungen oder gute Ausreden. Und bei Tageslicht betrachtet sah ich, dass der Kollege nur mit Boxershorts bekleidet am anderen Ende der Couch lag und vor sich hin schnarchte. Scheiße, Scheiße, Scheiße – was hatte ich getan?

Als ich mich mit meiner Freundin in einem Coffee Shop in der Nähe ihres Büros traf, ahmte sie zunächst einmal das Kuckucks-Spiel nach und lachte sich halb tot.

»Miststück! Ich kann jetzt wirklich nicht darüber nachdenken. Es ist mir so peinlich, es bringt mich um«, jammerte ich.

»Oh nein, wahrscheinlich kannst du dich an das Schlimmste gar nicht mehr erinnern«, fuhr sie ungerührt fort. »Als das Lied zu Ende war, schloss die Bar und die Lichter gingen an. Du hattest während deines Striptease deine Klamotten ins Publikum geworfen, also standst du da im hellen, unbarmherzigen Neonlicht, in deiner Blümchenunterhose und hast deine Titten mit den Armen bedeckt«, prustete sie und lachte noch heftiger. »Wir mussten dir die Kleider auf die Bühne bringen!«

»Halt die Klappe!«, wimmerte ich. »Hilf mir lieber! Was soll ich denn nur Eric sagen?«

»Okay, der Plan sieht folgendermaßen aus«, lenkte sie ein. »Sag ihm, dass wir uns alle ziemlich betrunken haben und zu Jessie gegangen sind, um dort noch ein bisschen abzuhängen. Ich hatte dein Telefon in meiner Handtasche und bin plötzlich verschwunden, um mich mit Cody zu treffen, ohne euch davon etwas zu sagen, denn Cody und ich hatten Streit miteinander. Schließlich bist du bei Jessie eingeschlafen und erst mittags wieder aufgewacht. Da erst hast du gemerkt, dass du dein Telefon gar nicht dabeihattest. Jessie war arbeiten, und du hattest keine Möglichkeit, Verbindung mit irgendjemandem aufzunehmen. Zuerst musstest du dein Telefon bei mir im Büro abholen. Schließlich kennst du ja seine Nummer nicht auswendig. Hast du's?«

»Er wird's durchschauen!«, jaulte ich. Ich bin nicht gerade die beste Lügnerin der Welt. Ich fühle mich dabei immer unwohl, bekomme ein rotes Gesicht und habe das Gefühl, dass mein Märchen doch jedem auffallen muss. Außerdem gelingt es mir nie, bei komplizierten Geschichten wie dieser, den roten Faden nicht zu verlieren. Für mich ist es deshalb im Allgemeinen besser, auch die schlimmste Wahrheit zu beichten, aber von der Nacht, die ich gerade hinter mir hatte, wollte ich auch nicht das kleinste Detail preisgeben. Da hatte ich nun wirklich Mist gebaut.

»Gillian«, sagte sie. »Du musst daran glauben, dass all das passiert ist. Glaub nicht daran, dass du gestern Abend auf die Bühne eines Amateur-Strip-Lokals gegangen bist und mit deinen Titten Kuckuck gespielt hast. Glaub nicht daran, dass du deinen abartigen Kollegen angerufen hast, um mit ihm herumzumachen, obwohl wir dir davon abgeraten haben!« Bei der Erinnerung daran musste sie unwillkürlich wieder lächeln. »Ernsthaft, gestern Abend ist nur eines passiert: Wir sind alle in Jessies Wohnung gegangen, du bist eingepennt, weil du zu viel getrunken hattest, und bist viel zu spät aufgewacht. Kein Telefon war in der Nähe, und alle anderen waren schon weg. Ende der Geschichte. Du warst also sturzbetrunken und hast nur deshalb nicht angerufen und bist auch deshalb nicht bei ihm vorbeigegangen. *Shit happens*. Das heißt doch nicht, dass du etwas Schlimmes getan hast.«

»Du hast recht«, pflichtete ich ihr bei. »Ich habe nichts Schlimmes getan! Ich hab nur mit euch Mädels rumgehangen und war zu blau, um anzurufen oder einen klaren Gedanken zu fassen.«

Glaub an die Lüge.

Die Vision von einem alten Mann mit einem tief ins Gesicht gezogenen Hut, der einen Dollar auf die Bühne warf, während mein nackter Körper dort tanzte, schoss mir durch den Kopf. Igitt, nein! Jessies Wohnung. Wir waren alle in Jessies Wohnung.

Jetzt war ich bereit, meinen Freund anzurufen und alles zu erklären. Meine Freundin versprach, mir beizustehen. Ich zitterte, als ich seine Telefonnummer wählte, und seine Stimme war eiskalt, als er dranging.

»Oh mein Gott, es tut mir so leid«, begann ich. »Ich fühle mich einfach schrecklich. Ich bin bei Jessie ins Koma gefallen und hatte mein Handy nicht dabei ...« Ich fuhr mit meiner Erklärung der Ereignisse fort und war total nervös, weil ich fürchtete, dass er die Lüge doch noch aufdecken würde. Andererseits war ich nicht in der Lage, ihm die Wahrheit zu sagen. Er wollte wissen, warum ich nicht früher, um Mitternacht, angerufen hatte. Immerhin hätte ich versprochen, mich bis dahin zu melden und ihm zu sagen, wo er mich treffen könnte. Ich erstarrte. Dafür hatte ich keine Entschuldigung. Meine Freundin erkannte, dass ich ins Stottern geriet, und riss mir den Hörer aus der Hand.

»Hey, Eric, tut mir echt leid, dass ich gestern Abend Gills Telefon an mich genommen habe«, sagte sie. »Ja, wir waren total blau. Gill hatte dann einen Blackout, und ich habe Jessies Wohnung verlassen, ohne zu wissen, dass das Handy in meiner Tasche war. Okay, wir sehen uns später!«, zirpte sie und gab mir mein Handy zurück. Er war jetzt entspannter und ließ sich auf einen Drink am späteren Abend mit mir ein, damit ich meinen Fehler wiedergutmachen konnte.

»Siehst du, das war doch ganz leicht«, meinte meine Freundin und wählte eine andere Nummer auf ihrem Handy. »Hey, Jessie?«, sprach sie in den Hörer. »Wenn Eric dich fragt: Gestern Abend hat Gillian in deiner Wohnung ihren Rausch ausgeschlafen. Ich weiß! Ich auch! Diese Kuckucks-Geschichte vergesse ich im Leben nicht! Hahaha, ja, Kuckuckowski! Oh mein Gott, ich sterbe gleich!«, rief sie und krümmte sich erneut vor Lachen, während ich den Kopf in meine Hände stützte und mich nicht zum ersten Mal in meinem Leben nach einer Zeitmaschine sehnte.

Glaub an die Lüge. Ich würde weiterhin an diese Lüge glauben müssen, bis die Beziehung beendet war. Ich durfte nichts davon preisgeben.

Das Ende der Geschichte? Nun, ein paar Wochen später trennten mein Freund und ich uns. Ich hatte erkannt, dass ich wohl kaum die beste Partnerin war, wenn ich mich so verhielt wie an jenem Abend im Strip-Lokal. Ich erholte mich wieder und verabredete mich für ein paar Dates noch einmal mit besagtem Kollegen, bis der mich dabei ertappte, wie ich in einer Lesbenbar, in die meine Schwester mich gezerrt hatte, mit einem Mädchen herumknutschte. Was soll ich sagen: Ich war gerade mal Anfang zwanzig. Komplette Schamlosigkeit gehörte damals zu meinem Lebensstil.

Lügen, die wir im Bett erzählen

Im Bett bezeichnet man es nicht als Lüge, sondern als Vortäuschen. Als Frauen wissen wir, dass es dumm ist, etwas vorzutäuschen, und dass wir uns damit um unser eigenes Vergnügen bringen. Aber manchmal bereitet uns der Kerl eben einfach keine Freude und wir brauchen offen gesagt nur eine Möglichkeit, um ihn vom Rücken abzuschütteln – oder in welcher Position auch immer wir uns zu diesem Zeitpunkt gerade befinden.

Heute habe ich mit Vortäuschen nichts mehr am Hut, aber als ich Anfang zwanzig war, ging ich mit einem Mann aus, dem ich eigentlich volle zwei Jahre etwas vorgemacht habe. Ich schäme mich, es zuzugeben, aber er wusste nicht, dass so etwas wie eine Klitoris existiert, und ich war zu schüchtern, um es ihm zu erklären. Außerdem begann ich schon in einem sehr frühen Stadium, den Orgasmus vorzutäuschen, weshalb er zu dem Schluss kam, dass ich schon nach dreißig Sekunden Pumpen zum Höhepunkt kam. Es war wirklich mein Fehler. Glücklicherweise gingen wir häufig aus und tranken eine Menge, weshalb wir häufig morgens Sex hatten anstatt abends, denn abends waren wir meist sturzbetrunken. Ich hatte einen Minivibrator in meiner Gästeschublade, und wenn er duschte, schlüpfte ich eilig aus dem Bett und benutzte ihn heimlich, immer mit einem Auge auf die Tür, falls er aus dem Bad kam, und mit einem Kissen über meinem Schoß, um das Geräusch zu dämpfen. Auf diese Weise hatte ich wenigstens eine gewisse Befriedigung bei unserem sexuellen Zusammentreffen, auch wenn er eigentlich gar nicht im Zimmer war, wenn es bei mir losging. Ich habe es ihm erst gesagt, als wir uns endgültig trennten, weil ich herausfand, dass er mich betrogen hatte. Und zwar sowohl mit Frauen *als auch* mit Männern.

Manche gedankenlosen Mädchen neigen dazu, stets so zu tun als ob, und das, obwohl sie mit ihrem Verhalten nicht nur sich selbst, sondern auch anderen Frauen einen schlechten Dienst erweisen. Wenn Sie einem Kerl beibringen müssen, wie er Sie zum Höhepunkt bringt, und wenn Sie ihn anleiten müssen, dann tun Sie es. Selbst wenn es mit Ihnen beiden nicht funktioniert, seien Sie nett und bereiten Sie ihn auf die nächste Flamme vor. Nichts ist langweiliger als ein Kerl, dem es egal ist, wie er einem Mädchen Vergnügen bereitet, weil er es niemals musste, weil sich immer jemand unter ihm wand und schrie wie ein Unheil verkündender Geist, wenn er gerade mal zwanzig Sekunden bei der Sache war. Ja, es gibt diese mythische Frau, die beim Sex sofort kommt, aber ich habe sie nie kennengelernt, und ich habe schon viele Frauen getroffen. Fast jede Frau, die ich kenne, braucht einen Typen, der es ihr mit dem Mund besorgt, sie manuell stimuliert, oder sie muss oben liegen und genau richtig sitzen oder gleichzeitig einen Vibrator benutzen, um beim Sex befriedigt zu werden. Für die Missionarswippe auf dem Rücken zu liegen, ist sicher toll, aber leider trifft er dabei nur selten den richtigen Punkt.

Lügen, die wir unseren Freundinnen erzählen

Ähnlich wie es Männer untereinander tun, belügen auch Frauen andere Frauen darüber, wie oft sie flachgelegt werden und wie gut es war. Frauen geht es oft darum, den schönen Schein zu wahren – auf dem Gebiet des Sexuallebens geben sie sich besonders Mühe. Wenn wir mit einer Gruppe Mädels zusammenstehen, und eine spricht darüber, wie sehr sie den Sex mit ihrem Freund genießt, was fast jeden Abend der Fall ist, wird eine andere Frau sofort Lügen darüber erzählen, wie oft sie es treibt, damit es nicht den Anschein hat, als hätte sie ein vergleichsweise langweiliges Sexleben. Bei sehr engen Freundinnen ist das nicht der Fall – sie würden sich niemals darüber belügen, aber oberflächliche Bekannte wollen auf jeden Fall mit dem Ehepaar Müller von nebenan Schritt halten – sexuell gesehen.

Ich hatte einmal eine Freundin, die mit dem Typ, mit dem sie zusammen war, richtig tollen Sex hatte. Wir alle mussten ihre erotischen Geschichten beim Brunch ertragen, und das, obwohl der Rest von uns entweder Single war oder in einer langweiligen Beziehung feststeckte. Das nervte uns damals ungemein.

»Oh mein Gott, wisst ihr was? Gestern Abend ist sogar das Bett zusammengebrochen, weil wir es so heftig miteinander getrieben haben«, verkündete sie eines Morgens. Ich fing den Blick einer anderen Freundin auf, und wir rollten automatisch mit den Augen. Großartig – genauso gut hätte sie uns erzählen können, dass sie 100 000 Dollar im Jahr mehr verdiente als wir.

»Wow, was ist passiert?«, fragten wir alle ohne große Begeisterung.

»Wir hatten stundenlang Sex, als wir nach Hause kamen, und wir probierten all diese verrückten Stellungen aus, und ich hielt mich irgendwann mal am Bettrahmen fest, als wir mittendrin waren, und wir trieben es so hart, dass das Kopfende sich löste und ich es in den Händen hatte!«, berichtete sie. »Ihr solltet meine ganzen blauen Flecken sehen!«

Später ging ich absichtlich mit einer anderen Freundin nach Hause, um diese Schilderung einer genaueren Analyse zu unterziehen.

»Ich meine, es sieht ja so aus, als hätte sie ihren Spaß und alles, aber hättest du gern stundenlang Sex? Ich habe schon nach einer Stunde das Gefühl, wundgescheuert zu sein, und will dann nur noch aufhören und schlafen«, sagte ich und versuchte, nicht verbittert zu klingen.

»Ja, und ich hab keine Lust, mein Bett kaputt zu machen; Ich hab mir gerade eines von Crate and Barrel liefern lassen. Was für eine Verschwendung!«, antwortete meine Gesprächspartnerin.

»Und blaue Flecken! Brrrr!«

»Iiii, ja, abstoßend!«

Am nächsten Wochenende war es wieder das Gleiche.

»Sein Schwanz. Ich sage euch, der ist riesig. Er tut mir weh. Manchmal weiß ich gar nicht, was ich damit machen soll«, schwärmte unsere Freundin dieses Mal.

»Wie oft habt ihr es letzte Nacht getrieben?« fragten wir, genervt, aber dennoch irgendwie neugierig.

»Ich weiß es gar nicht genau, mindestens dreimal!«, antwortete sie. »Es ist erstaunlich, aber er verkraftet scheinbar immer noch eine neue Runde.«

Als sie auf die Toilette ging, sagte irgendeine von uns immer: »Ich bin es so leid, mir das alles anzuhören!«, und wir stimmten alle zu, eifersüchtig, dass sie so guten Sex mit einem riesigen Penis hatte und wir nicht.

Nun, ein paar Jahre später lernte eben diese Freundin einen neuen Mann kennen, und sie hatten eine heftige Affäre, bei der sie sich schon sehr früh verlobten. Ich traf mich auf einen Drink mit ihr, um mehr über ihn und die neuesten Entwicklungen zu erfahren.

»Der Sex ist wahnsinnig toll«, berichtete sie mir. »So etwas habe ich noch nie erlebt. Es fühlt sich an, als ob der Blitz einschlüge.«

»Aber was ist mit deinem Ex?«, fragte ich. »Du hast doch gesagt, mit ihm wäre der Sex am besten gewesen.«

»Ach nein, ich glaube, ich bin bei ihm nicht ein einziges Mal gekommen«, gab sie zu. »Er hasste es, es mir mit dem

Mund zu machen, ich glaube, das hat er kein einziges Mal getan. Und häufig war er so sturzbesoffen, dass er Mühe hatte, ihn überhaupt hochzukriegen.«

»Ohhh …«, sagte ich, ebenso verwirrt wie insgeheim schadenfroh, weil ich sie bei einer Lüge ertappt hatte. Jahre später! Ich versicherte ihr, dass ich hoffte, sie würde mit dem neuen Typen wirklich glücklich werden, und rief auf dem Nachhauseweg sofort die andere Freundin an, mit der wir damals häufiger zum Brunch gegangen waren. »Du errätst nie, was ich gerade herausgefunden habe«, verkündete ich ihr.

Oh Mann, was machte uns das glücklich! Aber es bestätigte nochmals, was ich schon wusste. Wenn Frauen gegenüber anderen Frauen von ihrem tollen Sexualleben schwärmen, dann stimmt etwas nicht. Wenn sie tatsächlich ein super Sexleben haben, dann verbringen sie mehr Zeit mit Bumsen als mit Angeben. Und die meisten meiner Freundinnen - die ehrlichen - erzählen mir wahrscheinlich, dass sie entweder mehr wollen, als ihr Freund ihnen gibt, und dass sie deshalb noch Depressionen kriegen oder sie berichten, dass es ihnen vollkommen genügt, einmal die Woche zu vögeln.

»Mir reicht das voll und ganz«, sagte eine Freundin kürzlich zu mir. »Was soll ich sagen. So geil wie früher bin ich eben nicht mehr.« Ich glaube ihr. Niemand erzählt die Lüge, plötzlich frigide geworden zu sein.

Frauen versuchen meist ziemlich nett zu sein, wenn es darum geht, Jungs zurückzuweisen, an denen sie kein Interesse haben. Aber natürlich verhalten auch wir uns manchmal wie der letzte Dreck: Auch wir geben die falsche Telefonnummer heraus oder melden uns einfach nie wieder, wenn wir nichts mit ihnen zu tun haben wollen. Insgesamt jedoch, denke ich, stellen wir uns etwas taktvoller an, wenn wir Männern einen Korb geben, als umgekehrt. Natürlich benutzen beide Seiten manchmal die gleichen Lügen, um jemanden auf Abstand zu halten. Besonders beliebt: »Ich brauche etwas Zeit für mich allein.«

Soweit ich weiß, ist eine Äußerung wie »Ich brauche nur etwas Zeit, um herauszufinden, wer ich eigentlich bin. Ich weiß nicht genau, was ich will, ich bin momentan total verwirrt, blablabla« nur eine andere Formulierung für »Ich habe da jemanden getroffen, den ich bereits vögele oder den ich unbedingt vögeln will, und du stehst mir im Weg.« Die Wahrheit tut weh. Aber die meisten Menschen, die in Beziehungen leben, sind nicht plötzlich »verwirrt und wissen nicht, wer sie sind«. Sie sind gelangweilt und wollen Sex oder zumindest eine neue Affäre mit einem neuen Partner. Man hat uns Frauen bisher immer weisgemacht, dass nur Männer so eine Scheiße labern, aber ich kenne etliche Mädels, die ebenfalls auf so eine »Begründung« zurückgreifen. Ich muss sogar zugeben, dass auch ich so etwas schon gesagt habe. Obwohl ich noch folgende Worte hinzufügte: »Ich glaube wirklich, dass ich im Moment allein sein muss, damit ich herausfinden kann, was ich eigentlich will. Ich weiß nicht, wer ich bin und was ich im Leben überhaupt will. Sieh es als Trennung auf Probe – ich brauche lediglich etwas Raum, um den Kopf frei zu bekommen und allein zu sein.« Allein. Yeah – ich fühle mich eigentlich ziemlich mies, weil ich mich wie ein Stück Scheiße benommen habe. Ich hatte zwar damals nicht wirklich jemand Neues in der Pipeline, aber ich hatte jemanden, mit dem ich in den Monaten, die der Trennung folgten, regelmäßig vögelte. Das erleichterte den Übergang – etwas, das die meisten Menschen, und insbesondere Frauen, anscheinend brauchen.

Deshalb ist es auch so unerfreulich, wenn Männer sich plötzlich, quasi aus dem Nichts heraus von uns trennen – wir hatten keine Zeit, uns vorher nach einem Trennungs-Vögelpartner umzusehen, und sind hundertprozentig allein. Nicht fair! Zurückweisung ist eine hässliche Sache.

Ein warnendes Beispiel

Zu Collegezeiten gingen meine beste Freundin und ich zu einer Halloween-Kostümparty. Sie ging als tote elisabethanische Frau mit abgeschnittenem Kopf. Dafür hatte sie sich ein elegantes Kleid von einer Freundin geborgt, die für die Oper in San Francisco arbeitete, und sie sah toll aus, mit weißem Make-up und einer großen, klaffenden Wunde am Hals, aus der Blut tropfte. Ich war als Transvestit verkleidet. Ja, als Transvestit! Ich hatte eigentlich als bucklige Nutte gehen wollen, aber meine Freundin weigerte sich, so mit mir auf der Party zu erscheinen, da ich die ganze Zeit vornüber gebeugt gehen würde und ein gigantischer Buckel auf meiner Schulter festgeschnallt sein würde. Ich fand es witzig, aber letztlich setzte sie sich dann doch durch. Ich trug auch weiterhin das Nutten-Outfit, aber ich wusste, ich konnte nicht einfach nur als große Hure gehen. Also schminkte ich mir einen ganz leichten Bart und stopfte mir zwei Tennisbälle in die Hose, sodass sich an meinem engen Minirock eine große Beule abzeichnete. Meine Freundin schüttelte nur den Kopf über mich: »Du bist schon echt ein Freak.«

»Soll ich doch lieber wieder den Buckel anschnallen?«, fragte ich sie, aber das wollte sie nicht. Wir gingen also auf die Party und betranken uns dort nach Strich und Faden. Außerdem bot uns ein Bekannter eine Ecstasy-Pille an, die wir uns teilten. Alles machte Spaß, und ich fühlte mich hervorragend und lachte, als die Leute mich ansprachen und mich fragten, ob ich Männlein oder Weiblein sei.

Als ein Typ im Andy-Warhol-Kostüm begann, sich mit mir zu unterhalten, schwadronierte ich ganz ungeniert vor mich hin. Ich hatte keine Ahnung, ob er ein süßer Kerl war, aber dann fragte er plötzlich: »He, was hast du eigentlich gestern Abend so gemacht?« Ich war auf einem Fatboy-Slim-Konzert gewesen. Normalerweise hätte ich diesem Kerl hier einfach nur erzählt, dass ich auf diesem Konzert gewesen war, aber ich war gerade so beschwingt und fröhlich, dass ich beschloss, ihm die ganze Geschichte zu erzählen.

»Oh mein Gott, na ja, also ich ging zu diesem vollkommen idiotischen Fatboy-Slim-Konzert mit diesem Mädchen, das ich aus dem Büro kenne und das ich noch nicht einmal besonders mag, und sie brachte diese Zufallsbekanntschaft mit, mit dem sie mich verkuppeln wollte. Der entpuppte sich bald als absoluter Loser, und der ganze Abend wurde zum Albtraum. Er war nicht süß, er war langweilig, und schließlich goss er sein ganzes Bier in meinen Schoß. Es war furchtbar. Ich zog mir sogar den Slip aus und verkündete, mich in den Waschraum zurückzuziehen. Stattdessen sprang ich in ein Taxi, um nur ja schnell die Biege zu machen. Ich behauptete, dass mir schlecht sei, aber eigentlich wollte ich nur von diesem verdammten Idioten wegkommen.« Ich lachte, als ich diese Geschichte erzählte, denn ich war mir sicher, dass Andy Warhol sie auch lustig finden würde. Er sah allerdings eher ein bisschen verwirrt aus. »Was hast *du* denn so gestern Abend gemacht?«, fragte ich nun und fühlte mich attraktiv und zum Flirten aufgelegt.

»Hm. Ich war auch auf dem Fatboy-Slim-Konzert«, sagte er.

»Unmöglich! Wie witzig! Wo hast du gestanden?«, fragte ich ihn.

»Nun, eigentlich habe ich gesessen«, antwortete er. »Hinter den Stehplätzen sind diese Tische für vier Personen.«

»Da war ich auch! Wir saßen links von der Bühne. Und du?«, fragte ich.

»Ja, ich auch«, sagte er.

»Ist ja irre!«, rief ich.

»Na ja, eigentlich war ich mit dir zusammen da.«

»Was?«, entfuhr es mir verwirrt.

»Ja. Äh, ich bin Jennas Freund? Ich bin's, Alex.«

Heilige Scheiße. Alex war Andy Warhol. Andy Warhol war der lahme Arsch von gestern. Ich hatte ihn in der Puderperücke und mit der großen Brille gar nicht erkannt. Ich hatte ihm mitten ins Gesicht gesagt, dass ich ihn für einen Loser hielt. Plötzlich hatte ich einen Riesenkloß im Hals. Ich war starr vor Schreck, mir wurde schlecht und schwummrig. In diesem Augenblick kam meine Freundin Corinne vorbei, und ich griff nach ihrem Arm, damit sie mir beistand.

»Oh, Corinne, hey, das hier ist Alex. Er ist ein Freund von Jenna«, schrie ich ihr über den Lärm und die Musik hinweg zu. Sie verstand nicht, was ich sagte, und schrie zurück: »Jenna? Brrr, das Mädchen hasse ich wie die Pest. Sie ist zum Kotzen!«, und dann zog sie fröhlich von dannen. Alex warf mir hinter diesen albernen Warhol-Gläsern einen verletzten Blick zu, und ich wusste einfach nicht, wie ich mich verhalten sollte. Also beugte ich mich zu ihm hinüber und küsste ihn auf die Lippen. »Wow, heute habe ich aber wirklich einen sitzen! Ich brauche unbedingt noch etwas zu trinken!«, sagte ich, lachte und tänzelte rückwärts in Richtung Bar. Ich fühlte mich schrecklich. Den Rest des Abends verbrachte ich damit, nach Andy Warhol Ausschau zu halten, um ihn zu meiden, was gar nicht so einfach war, denn es liefen drei Stück davon herum. Schließlich verwickelte mich irgendein Typ in ein Gespräch. Gegen Ende des Abends spürte ich, wie mir jemand auf die Schulter tippte. Alex war wieder da. Ich wand mich und wartete darauf, dass er mich so richtig fertig machte, weil ich solch ein widerwärtiges Miststück war.

»Du«, sagte er. »Du bist die faszinierendste Frau, die ich je kennengelernt habe. Ich glaube, ich habe mich in dich verliebt.« Wow! Das war nicht gerade das, was ich erwartet hatte.

»Wirklich?«, fragte ich, schon wieder äußerst verwirrt.

»Du hast das so gut hingekriegt, so zu tun, als ob du nicht wüsstest, wer ich bin, dass ich dir tatsächlich ein paar Minuten lang geglaubt habe«, sagte er. »Du bist köstlich! Krieg ich deine Telefonnummer?«

»Ähm, natürlich!«, sagte ich und heuchelte umgekehrt auch Interesse an ihm, um wiedergutzumachen, dass ich zuvor so unsagbar grausam gewesen war. Ich gab ihm meine Telefonnummer und traf mich ein paar Tage darauf mit ihm auf einen Kaffee – aus purem Schuldgefühl. Und was war das Schlimmste daran? Als ich ins Café kam, war er schon dort. Das merkte ich aber erst, als ich mich an einen Tisch gesetzt hatte, der neben jenem stand, den er bereits gewählt hatte.

»Hey, hast du mich nicht gesehen?«, fragte er und rutschte zu meinem Tisch hinüber.

»Oh, ich glaube nicht«, antwortete ich ihm.

Tatsächlich hatte ich ihn durchaus gesehen und geradewegs durch ihn hindurchgeblickt. Auch wenn es um Leben und Tod gegangen wäre, ich hätte mich nicht daran erinnert, wie er aussah. Der arme Kerl war in der Tat ungeheuer langweilig und blieb ums Verrecken nicht im Gedächtnis haften. Danach ignorierte ich seine Anrufe so lange, bis er schließlich doch aufgab. Das war einfach besser so.

Kleine Pflichtlektüre für den Mann an Ihrer Seite: Wann Sie den berechtigten Verdacht hegen können, dass Ihre Freundin lügt

Frauen pflegen sehr häufig zu lügen, wenn die Männer fragen: »Bin ich der Beste, den du je hattest?« und/oder: »Habe ich den größten Penis, den du je gesehen hast?« Jede Frau wird auf eine solche Frage mit »Natürlich!« antworten. Warum sollten wir auch sagen: »Na ja, er hat eine hübsche Größe usw., aber ich bin mal mit diesem Brasilianer ausgegangen, der so ein heißes Gerät hatte, dass er mich damals fast in zwei Teile gerissen hätte!« Wenn Sie also nicht angelogen werden wollen, dann stellen Sie am besten keine dummen Fragen dieser Art.

Frauen lügen unter Umständen auch, wenn Sie sie fragen, ob sie jemals einen Mann betrogen haben. Gelegentlich entscheidet sich eine Frau bei einem vertraulichen Gespräch mit ihrem Liebsten, dass vollkommene und unbedingte Ehrlichkeit die beste Strategie ist, und nimmt von der Lüge Abstand. Aber meistens sind Frauen sich darüber im Klaren, dass es die Männer nur misstrauisch macht, wenn sie ihren Fehltritt zugeben, egal wie loyal und hingebungsvoll sie sich ihrem jetzigen Partner gegenüber verhalten. Ich selbst machte einmal den Fehler, einem neuen Mann zu erzählen, dass ich den Barkeeper hinter dem Rücken meines Ex-Freundes geküsst hatte, als die Beziehung schon fast beendet gewesen war. Können Sie sich vorstellen, wie häufig ich danach bei Auseinandersetzungen Äußerungen zu hören bekam wie: »Jaja, du willst ja auch nur losziehen und jeden Barkeeper küssen, der dir zufällig in die Quere kommt!«? Ich habe es wirklich bereut.

Frauen neigen gelegentlich auch dazu, die Wahrheit darüber, wie lange sie abends unterwegs waren und mit wem, etwas zu verfälschen, zumindest, wenn wir etwas getan haben, von dem wir glauben, dass Ihr Männer es nicht gutheißen würdet. Als ich nach Atlantic City zum Geburtstag einer guten Freundin fuhr, blieb ich die ganze Nacht auf, spielte und trank und hörte nicht auf, Fünf-Dollar-Chips auf den Scheißtisch zu werfen, bis meine Freundin anrief und mir mitteilte, dass es schon Mittag sei und Zeit, aus dem Hotel auszuchecken. Ich hatte richtig viel Spaß und verdiente etwa dreihundert Mäuse. Doch das hab ich meinem Freund nicht erzählt, als er fragte, wann ich denn zu Bett gegangen sei. Ich sagte ihm, dass wir um vier Uhr morgens umgekippt seien, was sich ein bisschen respektabler anhörte als – nun – gar nicht! Es war ja nicht so, dass ich etwas Verwerfliches getan hätte – ich hatte nicht mit Männern geflirtet, und eine andere Freundin war die ganze Zeit über an meiner Seite gewesen –, aber ich hatte das Gefühl, dass er mein Verhalten nicht gutheißen würde, und ich hatte recht. Frauen biegen sich die Wahrheit etwas zurecht, wenn sie glauben, dass es sie vor Problemen bewahrt. Das fängt schon an, wenn wir unseren Müttern Lügen darüber auftischen, mit wem wir zusammen waren, und behaupten, dass wir diese Zigaretten nur für eine Freundin in der Tasche hatten.

Die Perle polieren

Die Wahrheit über Frauen, Selbstbefriedigung und Pornos

Ich war etwa zehn, als ich zum ersten Mal das *National Geographic Magazine* meiner Eltern sah mit Bildern, auf denen Stammesfrauen aus dem Amazonasgebiet zu sehen waren, mit baumelnden, länglichen Titten und Männer mit einem gelegentlich verstohlen unter einem Lendenschurz herausguckenden Pimmel. Ich studierte sie genauer und gab vor, interessiert an den Vorgängen in der Welt zu sein, wo ich doch in Wahrheit nur interessiert am Anblick nackter Leute war und daran, wie ich mich dabei fühlte. Ich sprach darüber lang und breit mit anderen Mädchen aus der fünften Klasse, von denen alle ähnliche Gedanken und Gefühle diesbezüglich hatten.

»Ich fühle mich dabei da unten ganz lustig«, sagte ich in Bezug auf eine Sex-Szene, die ich in einem zweitklassigen Film am Abend zuvor gesehen hatte.

»Meine Mumu macht dann Bumm«, sagte eine andere, was vielleicht die präziseste Beschreibung von Geilheit ist, die ich je in meinem Leben gehört habe.

Aber damals schaute ich mir nur die Bilder an, wo und

wann immer ich konnte. Ich berührte mich nirgends. Ich hätte sowieso nicht gewusst, was ich hätte tun sollen. Aber ein paar Jahre später, als ich etwa vierzehn war, zeigte mir meine Schwester die Klitoris auf einer Abbildung in ihrem Biologie-Buch und informierte mich, dass sie dafür verantwortlich war, dass Sex Spaß machte.

»Wenn Frauen sie berühren, dann soll sich das toll anfühlen«, sagte sie. »Aber sag keinem, dass ich dir das gezeigt habe, schon gar nicht Mom.« Gott sei gedankt für ältere Schwestern. Meine wies mich auf die guten Seiten des Lebens hin.

Frauen, die sich selbst befriedigen

Die Frage »Masturbieren Frauen?« ist ebenso sinnvoll wie die Frage »Sind Rücken- und Fußmassagen angenehm?« Ja *klar*! Die erste Kolumne, die ich für die *Maxim* schrieb, beantwortete die Frage, wie oft schmutzige Mädchen masturbieren. Jede Single-Frau, mit der ich sprach, gab nicht nur zu, es zu tun, sondern betonte sogar, dass sie es dauernd tat – manche mindestens einmal täglich. Einige befriedigten sich sogar noch häufiger selbst.

»Wie oft befriedigen Frauen sich selbst?«, fragte ein Freund mich mal, als ich den Artikel allgemein erwähnte.

»Genauso oft wie du, Mann«, versicherte ich ihm.

»Das heißt, ein- oder zweimal die Woche, nehme ich an?«

»Oh, na dann vergiss es. Die meisten Frauen masturbieren häufiger als du.«

Zugegeben, im Durchschnitt widmen sich Frauen der Selbstbefriedigung zweimal die Woche. Bei weiblichen Singles ist der Wert jedoch ungleich höher.

»Ich mache es normalerweise zweimal am Tag«, sagte Doree, eine alleinstehende sechsundzwanzigjährige Frau, die in der Werbebranche arbeitet und allein wohnt. »Ich besorge es mir, wenn ich aus der Dusche komme und noch nackt bin, bevor ich mich anziehe und für die Arbeit fertig mache, und jeden Abend, bevor ich ins Bett gehe.« Viele Single-Frauen gaben an, es fast jeden Abend zu tun, weil es zum Teufel noch mal keinen Grund gibt, der dagegen spricht. »Es hilft mir beim Einschlafen«, sagte eine Frau. Und eine weitere dreißigjährige PR-Managerin bekannte, dass sie es einmal pro Abend tat, bevor sie ins Bett ging und manchmal, an Wochenenden, den ganzen Vormittag lang.

»Ich muss ja dann nicht aufstehen oder irgendwelche Termine wahrnehmen. Ich habe Zeit, bis ich mich mit meinen Freundinnen zum Brunch treffe. Also liege ich die ganze Zeit im Bett herum und tue es samstags- und sonntagsmorgens mehrere Male hintereinander«, gab sie zu. »Neulich habe ich es fünfmal gemacht. Ich warte immer nur ein paar Minuten zwischen jeder Sitzung oder gucke mir noch eine Wiederholung von *Scrubs – Die Anfänger* an, und dann geht es wieder los.«

Selbst Frauen in festen Beziehungen, und – überraschenderweise – auch diejenigen, die mit ihren Partnern zusammenleben, berichteten, dass sie es immer noch mehrmals in der Woche taten.

»Bei mir ist es meist so weit, wenn mein Freund schon mal den Frühstückstisch deckt und ich noch unter der Dusche stehe«, sagte eine Frau, die dazu den abnehmbaren Duschkopf benutzt, den sie extra dafür in ihrem Badezimmer installiert hat. »Hängt davon ab, wie sehr ich in Eile bin, aber ich schaffe es ganz sicher mindestens zweimal pro Woche.«

»Ich benutze meinen Vibrator gern mit meinem Freund, aber allein habe ich auch nichts dagegen. Wenn er als Erster ins Büro muss oder nach der Arbeit noch etwas vorhat, dann geht es bei mir los. Ich ergreife wirklich jede Gelegenheit, die sich mir bietet«, sagte Wendy, eine Journalistin, mit der ich befreundet bin. »Es geht ganz schnell, und man muss noch nicht mal nackt sein. Nur eine kleine Stimulation über der Hose mit meiner zuverlässigen, kleinen Taschenrakete und eine schmutzige Website und wums, bin ich fertig!«

Eine andere Freundin gab ebenfalls an, dass sie sich befriedige, wann immer sie Gelegenheit dazu hätte. »Häufig zwischen irgendwelchen TV-Sendungen, wenn ich ein paar Minuten totschlagen muss und mein Freund nicht zu Hause ist. Ich brauche nur eine Minute. Manchmal weniger, je nachdem, was ich mir gerade angucke oder wie lang ich die Sitzung gestalten will.«

Ich fragte sie, was sie damit meinte, und sie erklärte, dass sie es meist tue, weil es schnell ginge, immer gelänge und ihr auf die Schnelle ein gutes Gefühl gäbe. Manchmal aber triebe sie es auch sehr ausgiebig mit sich selbst und nehme sich die Zeit, um sich entsprechende Bilder und Videos anzusehen. Dann benutze sie mehr als ein Hilfsmittel, hole noch das Gleitmittel raus und so weiter. »Diese besonderen Augenblicke sind erheblich seltener«, stellte sie klar. »Dazu muss ich wissen, dass ich viel Zeit habe. Und selbst dann muss ich mich ordentlich zusammennehmen, damit ich nicht zu schnell komme. Manchmal, wenn ich den Vibrator nehme, geht es zu schnell. Dann bin ich deprimiert. Wie beim vorzeitigen Samenerguss. Es ist, als ob man schlechten Sex mit einem Schüler hätte, nur dass ich selbst dafür verantwortlich bin.«

Die Hilfsmittel der Frauen

Kürzlich chattete mich eine Freundin an und schrieb: »Dieses Sex-Spielzeug geht wahrscheinlich ab wie Schmidts Katze! Das muss ich einfach haben.« Ich klickte auf den Link, den sie mitgeschickt hatte, und dort zeigte sich ein dezent Furcht einflößendes Ding, das einem Rad mit zehn rosafarbenen Gummizungen ähnelte. »Drücken Sie den Knopf, und das Rad beginnt zu schwirren, sodass die Zungen den richtigen Punkt lecken«, las ich. Es sah herrlich aus.

»Wow!«, schrieb ich ihr zurück. »Ich brauche auch mal etwas Neues. Ich habe jetzt schon seit fünf Jahren die gleiche Pocket-Rocket!«

»Ja, aber auf deine Taschenrakete ist zumindest Verlass«,

antwortete sie. »Ich habe mal dieses Jimmy-Jane-Dings, das 350 Dollar kostet, für einen Artikel in einem Magazin getestet, und es wirkte genau wie die Pocket-Rocket. Ich meine, wie fühlt sich ein 350-Dollar-Orgasmus an? Genauso wie alle anderen!«

»Stimmt!«, sagte ich, obwohl ich immer noch überlegte, ob dieses Rad mit den Zungen nicht doch den Batzen in Höhe von 55 Dollar wert war.

Ach ja, Vibratoren. Damals im Jahre 1870 betrachtete man das »Masturbieren einer Frau« als Heilmittel gegen Hysterie, was es – wenn man genauer darüber nachdenkt – sicher tatsächlich auch ist. Aber ein Arzt oder der Ehemann musste es durchführen, und – kommen Sie schon – glauben Sie wirklich, dass die Ehemänner von damals wussten, was sie taten? Es ist immer noch nicht leicht, zu kommen, wenn ein Typ da unten wie ein Wilder herumrubbelt, es sei denn, er ist wirklich gut darin und benutzt ein Gleitmittel. Aber all dieses mühsame Gerubbel führte immerhin zur Erfindung des dampfbetriebenen Manipulators, eines vibrierenden, kreisförmigen Gerätes, das die schmutzige Arbeit verrichtete, während die Frau auf dem Untersuchungstisch der Arztpraxis lag. Mit der Erfindung der Elektrizität wurden jede Menge neue strombetriebene Apparate erfunden – die von Frauen frei und glücklich genutzt wurden. Diese Maschinen hielten in weiblichen Wohnungen Einzug, Jahre bevor andere, wunderbare, zeitsparende Hilfsmittel wie die Waschmaschine und der Staubsauger sich durchsetzten. Warum war es vollkommen akzeptabel für Frauen, ihre Hysterie zu heilen, indem sie sich auf einen vibrierenden Block hockten und abgingen? Weil die Männer und Ärzte dies nicht mit Sexualität in Verbindung brachten. Sie gingen davon aus, dass sexuelle Freude nur durch das Einführen von Gegenständen in die Vagina ausgelöst werden konnte. Oh, wie wir heute über derlei Vorstellungen lachen! Doch bedauerlicherweise sind auch viele moderne Männer nach wie vor dieser Meinung.

Unglücklicherweise durchschauten die Kerle und die Prüden der Gesellschaft die ganze Geschichte irgendwann, und die süßen Mütterhelfer wurden als Werkzeuge des Teufels verbannt, ebenso wie alles andere, was einer Frau in jenen düsteren Zeiten sexuelles Vergnügen hätte bereiten können (obwohl man in den Katalogen immer ein Gerät zur »Nackenmassage« finden konnte). Nein, das alles ist wirklich nichts Neues! Stellen Sie sich doch nur einmal vor, wie sich Ihre Großmutter Rose ein Nackenmassage-Gerät kauft und es zwischen dem Quilt, den sie näht, und dem Pudding, den sie stürzt, schnell mal unter den Rock schiebt, um es sich zu besorgen, wenn keiner zusieht. Heutzutage bekommt man Vibratoren an jeder Ecke, und – was noch wichtiger ist – man kann sie online kaufen. Man hat sie zwei Tage später im Haus, und es ist absolut nicht peinlich, wenn man für sein neues, heißes Sexspielzeug bezahlt.

Diese Hilfsmittel sind bestimmt der beliebteste Weg, um zum ultimativen Orgasmus zu gelangen, aber sie sind beileibe nicht die einzige Möglichkeit.

»Ich mache es mir gern mit der elektrischen Zahnbürste«, berichtete mir eine Frau. »Ich musste mir eigentlich nie einen Vibrator kaufen – ich kann sie immer zielgerichtet einsetzen, und man kann über Nacht den Akku aufladen, sodass man sich noch nicht einmal Sorgen machen muss, wenn einem die Batterien ausgegangen sind.« Klug – jede Single-Frau, die ich kenne, klaut Batterien aus der Fernbedienung, wenn der Vibrator nicht mehr genügend Saft hat, wodurch die Fernbedienung nutzlos wird, was wiederum auch sehr ärgerlich ist. Natürlich ist das aber nicht halb so ärgerlich wie der Verlust der Antriebsenergie, wenn Sie sich mitten in einer Onanier-Sitzung befinden. Männer verspüren dann die sogenannten Kavaliersschmerzen, aber bei Frauen gibt es ein ähnliches Phänomen: vollkommene und tiefe Frustration über einen funktionsuntüchtigen Vibrator. Was, in gewisser Weise, genau das Gleiche ist wie Hysterie.

Die Zahnbürsten-Maus berichtete mir übrigens des Weiteren, dass sie die Bürste nicht direkt auf ihr edelstes Teil ansetzt, sondern dass sie es mit dem flachen Teil der Zahnbürste stimuliert.

»Machst du das mit der gleichen Zahnbürste, mit der du dir die Zähne putzt?«, fragte ich sie.

»Ja schon, aber ich wechsele die Bürstenköpfe, je nach dem, ob ich mir das Ding in den Mund stecke, um mir die Zähne zu putzen, oder ob ich es weiter unten benutze«, antwortete sie. »Sie sind farblich sortiert.« Farblich sortierte Zahnbürstenköpfe zum Masturbieren? Glauben Sie mir, ich habe schon seltsamere Dinge gehört.

»Ich nehme ausschließlich den Duschkopf«, sagte Kelsey, eine der Frauen, die ich für *Maxim* interviewte. »Das habe ich zu Highschool-Zeiten entdeckt, als wir im Ausland lebten und in sämtlichen Badezimmern abnehmbare

Duschköpfe hatten. Seitdem habe ich eigentlich nie etwas anderes benutzt. Ich habe durchaus Vibratoren ausprobiert, aber ich bin halt an das Gefühl des Wassers gewöhnt, das mir am besten gefällt. Also habe ich abnehmbare Duschköpfe gekauft und sie in sämtlichen Wohnungen, in denen ich bislang lebte, installiert. Wenn ich in einer Wohnung bin, in der sich der Duschkopf nicht abnehmen lässt, lasse ich mir ein Bad ein und rutsche mit dem Arsch so weit runter, dass ich genau unter dem Wasserhahn liege, und dann geht's ab.«

Ich fragte sie, ob sie den Wasserstrahl einfach nur auf den richtigen Punkt hält und darauf wartet, dass er seinen Zauber entfaltet.

»Meist schon, aber manchmal schraube ich den Duschkopf auch ab und nutze den kräftigeren Strahl wie einen kleinen Gartenschlauch statt des Sprühregens, der sich über die ganze Region ergießt«, erklärte sie. »Das ist leichter zu kontrollieren. Nur eines sollte man vermeiden: einen zu hohen Wasserdruck«, fügte sie hinzu. »Wenn das Wasser zu schnell oder zu heftig herauskommt, ist es nicht angenehm, sondern tut weh, und man hat das Gefühl, in die Hose zu machen«, sagte sie. »Außerdem muss man auf die Temperatur achten. Mit kaltem Wasser hat es gar keinen Zweck. Außerdem will man das Wasser ja auch nicht hineinfließen lassen. Man sollte also genau auf die Klitoris zielen. Schließlich will man zu einem Orgasmus kommen und keine Scheidenspülung durchführen. Außerdem glaube ich auch nicht, dass es gut ist, wenn man das Wasser nach oben in den Bauchraum schießen lässt.«

Masturbationstechniken mit Wasser sind fast so alt wie der dampfbetriebene Manipulator, wenn nicht sogar noch älter. Aber die Hydrotherapie und die Elektronik sind bestimmt nicht die einzigen Möglichkeiten, mit denen sich Frauen in die luftigen Höhen der Ekstase emporschwingen können, solange sonst keiner im Zimmer ist.

»Ich bumse mein Kopfkissen«, sagte eine alte Schulfreundin, als ich sie über die verschiedenen von ihr bevorzugten Masturbationsmethoden befragte.

»Du tust was?«, fragte ich, denn in all den vielen Jahren der Selbsterforschung hätte ich nie vermutet, dass das Bumsen eines Kissens Spaß machen könnte.

»Na ja, es begann mit meinen Teddybären, als ich klein war«, erklärte sie.

»Du hast deine Teddybären gevögelt?«, hakte ich ungläubig nach.

»Ja, meine Teddys im Bett. Das tue ich, seit ich denken kann, ich meine, ich war wahrscheinlich gerade mal vier. Es fühlte sich immer gut an, meine Scheide an ihnen zu reiben, und als ich zu alt für Stofftiere geworden war, wandte ich mich meinem Kissen zu, das im Grunde den gleichen Zweck erfüllte. Ich stopfe es mir einfach zwischen die Beine und bumse es. Manchmal besteige ich es richtig.« Ich konnte mich gar nicht mehr einkriegen vor Lachen, vornehmlich wegen des Wortes »besteigen«, aber auch, weil ich es irgendwie abartig fand, es mit dem Ding zu treiben, auf das man jede Nacht seinen Kopf legt.

»Im Ernst, ich finde es toll. Mittlerweile kann ich sogar mit meiner Hand bumsen«, fuhr sie fort.

»Du berührst also nicht nur den Kitzler mit ein paar Fingern?«, fragte ich.

»Nein, ich reibe die Scheide an der Hand – immer vor und zurück. Es ist wirklich praktisch, dass ich auch so kommen kann. Das erleichtert mir auch den Orgasmus beim Sex, wenn ich oben liege. Ich weiß ganz genau, wie ich mich setzen muss, damit die Scheide auf die richtige Art und Weise erregt wird.«

Jetzt hielt ich den Mund. Die meisten Frauen, die ich kenne, kriegen so schnell keinen Orgasmus beim Geschlechtsverkehr, was viele von uns auf unsere regelmäßige Klitoris-Stimulation mit unseren zuverlässigen kleinen Begleitern zurückführen.

Ich fragte sie, ob sie ein paar Tipps für mich hätte, wie ich vom Sex einen Orgasmus bekommen könnte, und sie sagte, dass es nicht bloß vom Sex sei. »Ich kenne eigentlich niemanden, der nur von einem Penis in der Scheide kommt«, sagte sie. »Man muss die gesamte Scheide auf die richtige Weise reiben. Wenn ich es an meinen Teddys konnte, dann kann ich es doch bestimmt auch an etwas Hartem, das zwischen meinen Beinen liegt.«

Plötzlich war ich eifersüchtig. Aber ich fragte mich auch, wie viele Frauen sich wohl Sorgen darüber machten, ob ihre Vibratoren sie taub für andere Empfindungen machten. Ich erkundigte mich bei meinen Freundinnen, ob sie schon einmal eine Weile ohne ausgekommen waren.

»Ich verzichtete ein paar Monate lang auf meinen Vibrator und versuchte, nur durch Sex zum Orgasmus zu kommen«, berichtete Alison, eine meiner Freundinnen, die sich

Sorgen darüber machte, dass sie sich mit ihrem Magischen Zauberstab gefühllos gemacht hatte. »Aber das half nicht wirklich. Immerhin begann ich, die Orgasmen, die ich beim Sex mit meinem Freund hatte, etwas intensiver zu genießen. Doch er musste es mir immer noch mit dem Mund machen, damit ich kam. Oder ich musste oben sitzen und mich direkt mit der Hand stimulieren. Aber immerhin kam mir das Zusammensein mit ihm intensiver vor. Kann aber auch sein, dass ich mir das nur einbilde.«

Viele Frauen, mit denen ich mich unterhalten habe und die häufig masturbieren, sagen, dass sie es nicht verstehen, warum ihnen ein Mann nicht die gleiche Befriedigung verschaffen kann. Und da besteht tatsächlich ein Unterschied. Durch Vibratoren kommt man so schnell und mühelos, dass man in puncto Sex faul wird. Man hat gar keine Lust mehr, auf das Ziel jenes wunderbaren, benommenen Gefühls hinzuarbeiten, das wir alle so sehr lieben. Aber alles, was leicht zu haben ist, ist etwas weniger befriedigend als das, worum man sich wirklich bemühen muss. Es geht also nichts über ein ordentliches Bad im Heu mit einem Kerl, der Ihren Körper schön findet und der Sie auf jede erdenkliche Weise berühren, küssen und lecken will, um Ihre Hysterie zu reduzieren.

Es ist wie ein selbst gebackener Kuchen im Vergleich zu einem aus dem Supermarkt. Sicher, beide sind köstlich und stillen Ihren Heißhunger, aber Sie wissen, dass der selbst gemachte mit der knusprigen Kruste und den ungleichmäßigen Zuckerklümpchen letztlich doch viel besser schmeckt als die Fabrikware aus dem Regal.

Für einen *Maxim*-Artikel interviewte ich einst unzählige Frauen über ihre Gewohnheiten im Hinblick auf Pornofilme. Meine Erkenntnisse waren keineswegs überraschend für mich. Es stellte sich heraus, dass sich viele Frauen Pornos ansehen – und zwar häufig. Nur ihren Männern erzählen sie davon nichts, und sie reagieren beleidigt, wenn sie herausfinden, dass ihr Partner ein Abo bei ButtPirates.com hat, auch wenn sie selbst regelmäßig Sites aufrufen, auf denen magere Frauen von dicken Männern aufs Kreuz gelegt werden.

Gina, eine achtundzwanzigjährige Journalistin, gab an, dass sie sich fast täglich einen Porno anschaut, was gleichzeitig heißt, dass sie auch fast jeden Tag masturbiert. »Gibt es noch einen anderen Grund, warum man sich dieses Zeug sonst reinziehen sollte?«, fragte ich. Uns fiel keiner ein.

»Ich habe eine Seite namens XTube.com entdeckt«, sagte sie und erklärte, dass es dort jede Menge schmutziger Bilder und Videos zu sehen gäbe. »Ich gucke mir erst online Pornos an, seitdem die Seite kostenlos ist. Früher las ich schmutzige Bücher, denn an allem, was im Internet zu sehen war, war etwas faul – entweder du musstest von vornherein bezahlen oder sie zeigten einem nur einen Schnipsel und wollten einen dann zum Bezahlen bringen. Ich bin aber beides: geil und geizig.«

»Was ist mit YouPorn?«, fragte ich, denn ich hatte im Rahmen meiner Recherchen entdeckt, dass YouPorn und XTube bei Frauen am populärsten waren. Diese Sites klickten sie am häufigsten an, wenn sie an sich selbst herumfummelten.

»Gucke ich mir manchmal auch an«, sagt sie. »Aber aus irgendeinem Grund ist das nicht mehr als meine stille Reserve. Ich schaue mir eigentlich richtiges Zeug an, aber manchmal mag ich auch die analen Geschichten.«

Ach ja. Die »analen Geschichten« schauen sich Frauen generell anscheinend sehr gern an. Fast jedes Mädel, das ich interviewte, gab an, dass es sich Videos über Analverkehr und Flotte Dreier anschaue – derlei Praktiken beschäftigten sie zwar in der Fantasie, im richtigen Leben würden sie sie aber nie ausprobieren. »Ich bin gläubige Jüdin!«, sagte Rebecca, als ich sie fragte, warum sie sich so gern Filme über Analsex ansah. »So etwas tun wir einfach nicht! Derlei Dinge stelle ich mir nur vor.«

Eine andere Frau berichtete mir, dass sie Filme dieser Art deshalb so mochte, weil sie sich wünschte, Freude am Analsex zu entwickeln. Schließlich galt er als ebenso erregend wie tabu. »Wir versuchten es mit Gleitmittel, ich habe mir Tipps durchgelesen, wie es geht, ich habe sogar ein paar schwule Freunde gefragt«, sagte sie. »Aber mein Arsch ist wie Charlie und die Schokoladenfabrik. Keiner geht je hinein; keiner kommt je heraus.«

»Keiner kommt heraus?«, fragte ich nach.

»Oh warte, stimmt. Also: Das Bild mit der Schokoladenfabrik ist vielleicht auch nicht ganz zutreffend. Aber es funktioniert einfach nicht! Ernsthaft! Mein Arsch ahnt, dass der Penis kommt, und kneift sich so eng zusammen, dass man noch nicht mal einen geölten kleinen Finger hineinbekäme, geschweige denn einen Pimmel.«

Viele Frauen betrachten Analverkehr als den ultimativen

Tabu-Scharfmacher bei Pornos, und das Gleiche scheint für den Flotten Dreier zu gelten. Und damit meine ich nicht die typisch männliche Fantasie mit zwei Mädels und einem Kerl – die meisten Frauen sahen sich Pornofilme an, bei denen zwei oder mehr Männer mit einer Frau zugange waren. Ich fragte nach, warum.

»Ich habe diese Fantasie, dass drei verschiedene Typen mich gleichzeitig auf unterschiedliche Weise befriedigen«, sagte Julie, eine siebenundzwanzigjährige Kellnerin. »Ich habe nur keine Ahnung, wie man diesen Traum erfüllen kann, und letzten Endes bin ich sowieso eher der Typ für eine feste Beziehung und nicht das Porno-Girl, das sich von drei Kerlen gleichzeitig bumsen lässt.«

Manche Frauen berichteten auch, dass sie sich Lesbenfilme ansahen, weil es sie anmachte und weil es etwas war, worüber sie nachgedacht hatten oder was sie sogar einmal ausprobiert hatten. »Es macht mich an«, sagte eine junge Frau. »Ich habe einfach das Gefühl, dass eine Frau eher weiß, was sie da unten tut, im Gegensatz zu vielen Jungs, mit denen ich zusammen war und die ihn immer gleich reinstecken wollten.«

Eine Handvoll Frauen gestand, dass sie sich manchmal sehr ungewöhnlichen Kram ansähen. »Schwuchteln«, sagte Laura, eine neunundzwanzigjährige Webdesignerin. »Ich habe was für Schwulen-Pornos übrig. Ich weiß nicht, warum mich das so anmacht, aber es ist das Einzige, bei dem ich richtig komme. Wenn ich dann tatsächlich mit meinem Freund zusammen bin, stelle ich mir ganz oft vor, dass er von einem Kerl gebumst wird! Wenn das *wirklich* geschähe, würde ich vermutlich die Krise kriegen. Ich kann also nicht erklären, warum es mich im Geiste so anmacht. Ich glaube, es ist die Tatsache, dass ein großer starker Mann sich unterwerfen muss. Wahrscheinlich habe ich eine Art krankes Vergnügen daran, dass ein Mann wie eine Frau behandelt wird.«

Genauer betrachtet ist Laura selbst eine große, knallharte Frau, die sich so schnell nicht die Butter vom Brot nehmen lässt. Ich kann die Freude verstehen, die sie empfindet, wenn sie beobachtet, wie es einem Mann besorgt wird, so, wie er es den Frauen selbst unzählige Male zuvor besorgt hat. Außerdem gibt es hier eine weitere Verbindung zu einem Tabuthema in der Pornografie, das Frauen sehr zu gefallen scheint – wenn einer dem anderen in den Arsch pinkelt.

Die schrägste Antwort bekam ich hier von einer Frau, die kürzlich eine Transvestiten-Phase durchlebt hatte. »Ich fand Videos von Leuten toll, die Sex mit Transvestiten hatten. Da gibt es die verrücktesten Sachen!«, erzählte sie. »Man könnte meinen, dass es dabei nur um Männer geht, aber es gibt auch etliche Filme über Frauen, die Sex mit Transvestiten haben! Das ist schon bizarr!« Außerdem sagte sie, dass sie sich auch gerne Filme ansehe, in denen Frauen die Bukkake praktizieren (dann ejakulieren ein paar Typen der Frau ins Gesicht – tut mir leid, dass ich diejenige bin, die Ihnen das erklären muss, und ich hoffe, dass Sie nicht gerade frühstücken). Nach solch einem Film plage sie allerdings oft ein schlechtes Gewissen. »Das ist für Frauen furchtbar erniedrigend, aber aus irgendeinem Grund macht es mich an«, gab sie zu. »Ich weiß nicht, welche Probleme ich habe, aber ich liebe Pornos in allen gruseligen Varianten.«

Einige Frauen hätten ihren Partnern gern von ihrer Leidenschaft erzählt und ihnen mitgeteilt, welche Filme sie besonders genießen. Aber sie wollten nicht riskieren, vom Partner verurteilt zu werden.

»Ich fände es toll, wenn ich abends auf dem Bett meinen Computer aufmachen könnte und meinem Freund zeigen könnte, was ich mir da angesehen habe. Dann könnten wir weitergucken, während wir miteinander schlafen. Aber wahrscheinlich würde er ausflippen, wenn er sehen würde, dass ich mir deutsche Gangbang-Movies ansehe«, meinte eine andere Frau.

Wahrscheinlich hat sie mit dieser Einschätzung recht. Eines Tages kam mein Freund vorbei und setzte sich an meinen Computer, während ich das Abendessen vorbereitete. Das Notebook musste eingestöpselt und aufgeladen werden, denn am Abend zuvor hatte der Akku den Geist aufgegeben. Als es schließlich zum Leben erwachte, hörte ich, wie lautes Stöhnen ertönte. Schnell riskierte ich einen Blick. »Oh Scheiße!«, dachte ich. Ich hatte vergessen, dass ihm der Saft ausgegangen war, als ich am Abend zuvor betrunken auf XTube gesurft hatte.

»Ähm, Entschuldigung, aber was ist das?«, fragte mein Freund und drehte mir den Computer langsam zu. Ich wand mich vor Verlegenheit. Was zum Teufel hatte ich mir da angesehen? Ich stieß einen erleichterten Seufzer aus, als ich sah, dass es sich um einen einfachen, ganz normalen Porno handelte, bei dem das Mädel dem Jungen einen bläst. Puh!

»Oh ja, den muss ich mir angesehen haben, bevor ich gestern Abend eingeschlafen bin. Stört dich so etwas?«, fragte ich und schnippelte lässig weiter an unserem Abendessen herum, obwohl mir die Schamesröte ins Gesicht geschossen war, weil er mich beim Porno-Gucken erwischt hatte.

»Nein, natürlich nicht«, antwortete er grinsend. Oh, Mann!

Die Gesellschaft erwartet von Frauen, dass sie Pornografie verabscheuen, und die meisten Männer gehen davon aus, dass wir sie entwürdigend und beleidigend finden. Wenn sie nur wüssten, wie ungeniert wir im Online-Sumpf herumsurfen – und zwar teilweise auf ziemliche Hardcore-Varianten konzentriert –, dann könnten wir Pornos in unser Sexualleben integrieren und weniger Scham bei etwas empfinden, was wir doch eigentlich alle genießen.

Die seltsamsten Plätze, an denen Frauen es treiben

Einmal schrieb ich einen Artikel für die Zeitschrift *Details* über Männer, die sich im Büro einen runterholen. Viele Männer gaben zu, dass sie manchmal, wenn sie gelangweilt waren oder gerade eine einschlägige Seite studiert hatten, auf die Behindertentoilette gingen und rubbelten, was das Zeug hielt (während sie vorgaben, ein Ei zu legen). Das überraschte mich mal wieder gar nicht. So ein Job kann ja manchmal sehr langweilig sein. Damals, als ich mir im zarten Alter von achtzehn als Kellnerin etwas dazuverdiente, war so wenig los und ich war so gelangweilt, dass ich mich heimlich in die Waschräume zurückzog und es mir selbst besorgte. Ich fragte andere Frauen, ob sie derlei Aktionen am Arbeitsplatz ebenfalls kennen würden, und falls nicht, was die seltsamsten Orte wären, an denen sie schon masturbiert hätten. Ich stellte fest, dass ein Großteil der Frauen es tat, wann immer sie Bock darauf hatten, egal, wo sie gerade waren, was grundsätzlich dem männlichen Verhalten entspricht. Natürlich taten sie ihr Bestes, um das Ganze im Verborgenen zu erledigen. Im Gegensatz zu ein paar sehr gestörten Männern erregt es Frauen nämlich nicht, sich in aller Öffentlichkeit zur Schau zu stellen und in der U-Bahn zu masturbieren. Hier eine Auswahl an Orten, an denen sie es nach eigener Aussage mit sich selbst getrieben haben:

»Einmal habe ich es im Büro gemacht. Ich habe mit diesem Typen schmutzige SMS ausgetauscht und hatte ein Einzelbüro. Es war nur mit den Händen über der Hose, aber es funktionierte.«

»Im Flugzeug, auf einem richtig langen Flug, die Sitze in Liegeposition. Ich habe meine Aktivitäten unter der Decke verborgen. Und die meisten Leute schliefen sowieso.«

»Im Auto auf dem Parkplatz. Ich hatte mir gerade einen neuen Vibrator gekauft und wollte ihn ausprobieren.«

»Auf dem Rücksitz eines Autos auf einer längeren Autobahnfahrt. Meine Eltern saßen vorn, und mein kleiner Bruder schlief neben mir. Ich las gerade einen heißen Roman.«

»In der Sauna, vor deren Tür ein paar Leute gerade Poolbillard spielten.«

»Auf dem Ergometer im Fitnessstudio.«

»Im Dampfbad des Fitnessstudios.«

»Im Hörsaal. Langweilige Vorlesung.«

Kleine Pflichtlektüre für den Mann an Ihrer Seite: Frauen, Selbstbefriedigung und Pornos

So, jetzt kennt Ihr eines unserer schmutzigsten Geheimnisse: Frauen masturbieren genauso oft wie Zwergschimpansen, und häufig tun wir es, während wir schmutzige Dinge lesen oder uns einen Porno am Computer ansehen. Manche Frauen verstecken sogar geheime Videos auf der Festplatte – wie meine Freundin, die den Jungs in ihrer IT-Abteilung ihren Laptop vorbeibrachte, damit sie ihn reparierten. Sie teilten ihr mit, dass ihre Sammlung von Analpornos ihr einen Computervirus eingebracht hätte.

Darüber muss man sich nicht aufregen, und – noch besser – es könnte etwas sein, das Ihr beide zusammen nutzen könnt, um Euer Sexualleben aufzupeppen. Denkt nur immer daran, dass Frauen mit Pornos lediglich ihre Fantasie anregen wollen. In Wirklichkeit wollen wir derlei Obszönitäten nicht in der Nähe unserer edelsten Teile haben. Wir treffen uns nicht insgeheim mitten an einem Arbeitstag mit drei Männern für einen Gruppensex-Quickie auf dem Hotelzimmer. Und wir gehen auch nicht ins Rotlichtviertel, um uns dort ein billiges Happy End zu sichern. Außerdem nutzen wir das Internet nicht für flüchtige Sexualpartner. Lasst es mich nochmals wiederholen: Es sind nur Fantasien. Das ist auch der Grund, warum Ihr niemals in die Nähe ihres Arsches kommen werdet, auch wenn sie sich noch so gern Pornos über Analverkehr reinzieht. Der Anblick eines Flotten Dreiers macht sie vielleicht heiß, aber die Chance, dass Ihr tatsächlich mal so eine Nummer schiebt, ist gleich null. Los! Genießt die Bilder und Videos zusammen, aber versucht nie, Eure Partnerin zu irgendwelchen Aktionen aus Pornofilmen zu bewegen, die sie gar nicht nachstellen will. Sonst riskiert Ihr, dass sie in Tränen ausbricht. Und stellt niemals Vergleiche mit den Frauen in den Pornos an oder sagt Dinge wie »Warum kann ich ihn dir nicht auch ins Arschloch stecken wie ihr?«, denn die Antwort wird unweigerlich lauten: »Warum hast du keinen fünfundzwanzig Zentimeter großen Pimmel und rasierst dir nicht die Hoden wie er es tut?« Wollt Ihr das riskieren?

7

Wie man schmutzige Mädchen aufreißt

Wir sind viel komplizierter als Männer glauben

In einem meiner *Maxim*-Artikel schrieb ich darüber, wie Männer um eine Frau kämpfen müssen, die sie verführen wollen. Mein Ziel bestand allerdings keineswegs darin, ihnen noch einmal die Regeln »der perfekten Masche« zu vermitteln. So bezeichnen in einschlägigen Sendungen und Magazinen die so genannten Pick-up-Artists die Kunst der Eroberung. Im Großen und Ganzen vermittelt diese »Masche« (auch »the Game«) Männern aller Altersgruppen den Eindruck, dass sie sich nur wie komplette Arschlöcher verhalten müssen, um eine Frau aufzureißen. Es ist schon erstaunlich, wie viele schlechte Ratschläge es zur angeblich perfekten Anmache gibt. Deshalb interviewte ich ein paar infrage kommende Frauen, um herauszufinden, was bei ihnen wirklich wirkte und was einen Kerl attraktiv genug machte, dass sie mit ihm schlafen – oder sich mit ihm verabreden wollte, was auch immer.

Sämtliche Männer- und Frauenzeitschriften sowie Online-Artikel, die sich mit der Frage befassen, wie man es schafft, den anderen ins Bett zu bekommen oder die große

Liebe zu finden, wollen uns weismachen, dass die wichtigste Voraussetzung eine ordentliche Portion Sinn für Humor ist. Doch wenn das der Fall wäre, dann hätte Atze Schröder eine Unzahl weiblicher Bewunderer und Liebschaften. Ja, Sinn für Humor ist in der Tat etwas Schönes, das jedermann an seinem Partner schätzt. Welche Frau kann schon guten Gewissens behaupten, dass sie mit einer humorlosen männlichen Gouvernante zusammen sein will?

Aber keiner dieser Artikel befasst sich mit anderen, gleichermaßen bedeutenden Themen, die Frauen auf der Suche nach einem Partner wichtig sind, wie mit dem Aussehen seines Gesichts, damit, ob er fit oder fett ist, ob klein oder groß und schlaksig. Und besonders wichtig ist die Frage, ob er einen mikroskopisch kleinen Penis sein eigen nennt, oder ob dieser zumindest von durchschnittlicher Größe ist. In Wahrheit können Frauen genauso seicht und oberflächlich sein wie Männer, wenn es ums Aussehen, den Körper und die Größe des Schwanzes geht. All das ist wichtig, wenn Kerle versuchen, uns aufzureißen. Okay, es muss nicht gleich ein männliches Model sein (vertrauen Sie mir – ich habe mich einmal mit einem Model verabredet: Der Mann war so dumm, dass ich nicht mal einen Drink mit ihm überstand), aber es hilft, wenn er normal aussieht, normale Kleidung trägt, einem normalen Job nachgeht (oder überhaupt einem Job) und einen Penis von normaler Größe besitzt. Aber um ehrlich zu sein, es ist außerordentlich hilfreich, wenn er heiß aussieht, sich modisch kleidet, einen coolen Job hat oder ein gigantisches Gerät in der Hose.

Wenn Männer etwas falsch verstanden haben: Was man auf keinen Fall tun sollte, um eine Frau zu beeindrucken

Ich stellte fest, dass es schrecklich viele jüngere Männer da draußen gibt, die – dank des Internets und idiotischer MTV-Shows wie *Pick Up Artist* – allen Ernstes glauben, dass die Eroberungsmethoden, die ihnen in derlei Formaten vermittelt werden, todsicher zum Erfolg führen. Sie folgen dem Trainer und Guru Mystery, der flauschige Pelzhüte à la Dr. Seuss sowie schwarzen Eyeliner und schlabberige Armbänder trägt. Reality-Check: Die meisten Frauen halten derlei Hüte für den größten Abtörner, den es gibt. Dieser Typ gibt Männern den bescheuerten Ratschlag, den »Neg hit« oder »Neg« einzusetzen. Hierbei handelt es sich um eine beschissene, verkappte Beleidigung, mit der man angeblich das Interesse einer Frau weckt.

Mit dem Neg soll offenbar das Gefühl der Unsicherheit, das eine Frau häufig plagt, ausgenutzt werden. Die Show versucht Unmengen von Männern zu überzeugen, dass derlei Taktiken tatsächlich funktionieren, und junge, leicht zu beeindruckende Kerle glauben und tun einfach alles, um ihren Penis in irgendwelche Frauen hineinstecken zu können. Die folgende Liste zeigt einige beliebte Negs, die ich online fand:

1. *Dein Haar glänzt total. Ist das eine Perücke? Ach egal, jedenfalls sieht es hübsch aus.*
   Sehen Sie, dass dies eigentlich eine Beleidigung ist, die

sich als Kompliment tarnt? Ein klassischer Neg. Wer zum Teufel trägt schon eine Perücke? Die Antwort kann nur lautes Gelächter über die schiere Absurdität einer solchen Bemerkung sein. Vielleicht könnten Sie auch antworten: »Nein, aber ich trage ein Schamhaar-Toupet.«

2. *Du hast u-förmige Zähne.*
   Wie bitte, was? Ernsthaft, das ergibt doch so gar keinen Sinn, oder? Was bitte sind u-förmige Zähne? Wahrscheinlich hat diesen Neg irgend so ein Trekkie-Freak erfunden. Darauf fällt mir noch nicht einmal eine witzige Antwort ein, denn ich glaube, das wird kein Mann jemals zu Ihnen sagen. Wenn doch, dann machen Sie sich lieber aus dem Staub, denn so eine Bemerkung jagt einem doch irgendwie Angst ein.
3. *Du hast eine interessante Figur.*
   Einmal sagte mir ein Kerl, ich hätte den Körper einer Schwimmerin. Als ich ihn fragte, was er damit meine, sagte er, dass ich breite Schultern hätte und muskulös aussähe. Er wollte mich eindeutig anbaggern und glaubte, mich mit der Sache mit dem muskulösen Körper rumzukriegen. Aber ich war alles andere als verknallt. Wenigstens hatte er mich nicht Large Marge genannt, frei nach Marge Simpson nach ihrer Brust-OP. Nur eine einzige Bemerkung über meinen Körper hätte mich wirklich überzeugen können, nämlich die, dass ich den hübschesten Knackarsch habe, den er je gesehen hat. Keine Frau möchte hören, dass sie breite Schultern hat. Dann kommt sie sich vor wie ein Foot-

ball-Spieler. Ich brauche wohl kaum zu erwähnen, dass ich keinen Sex mit ihm hatte.

4. *Ich glaube, dein linkes Auge mag ich am liebsten.*
   Diese Bemerkung ist mir gegenüber eine richtige Beleidigung – ich habe da so ein seltsames Zucken im rechten Auge, sodass ich es tierisch zusammenquetsche, wenn ich lächele. Ich hoffe immer, dass die meisten Menschen es nicht bemerken. Aber dieser Neg ergibt sowieso keinen Sinn. Genauso gut könnte ich einem Typen sagen: »Ich mag das rechte von deinen Eiern am liebsten.« Wer will da schon etwas bevorzugen?
5. *Warst du in der Schule ein Spacko?*
   Mit dieser Bemerkung versucht der Kerl, das Mädchen zu necken und sie in Verlegenheit zu bringen oder ihr Komplexe einzureden. Dann will er sie anbaggern und ihr das Gefühl geben, etwas Besonderes zu sein. Das ist eine ganz lahme Nummer, und die korrekte Antwort lautet: »Ja, ist es so leicht, eine verwandte Seele zu entdecken?«
6. *Du erinnerst mich an meine komische Ex.*
   Diese. Anmache. Funktioniert. Garantiert. Bei. Keiner. Frau.
7. *Du siehst aus wie meine Mathelehrerin in der Schule.*
   Wenn seine Mathelehrerin so aussah wie meine, dann handelte es sich um eine winzige, fünfzigjährige Frau mit Pudelfrisur namens Mrs. Lloyd, die immer nur mit dem Mittelfinger auf etwas zeigte. Eine angemessene Antwort lautet: »Wow, das muss aber eine heiße Biene

gewesen sein. Wie konntest du dich da noch auf Bruchrechnung konzentrieren?«

8. *Wie klein bist denn du eigentlich?*
Die Körpergröße einer Frau sollte niemals diskutiert werden. Die richtige Antwort lautet: »Ich bin etwa in Augenhöhe mit deinen Männer-Titten. Und wie klein ist dein Schwanz?«
9. *Diese Schuhe sehen sehr bequem aus.*
Unter Frauen gilt dies als außerordentlich wirkungsvolle Beleidigung – boshaft, sehr gehässig, doch unter dem Deckmäntelchen eines Kompliments. Allerdings wirkt bei einem Mann jeglicher Kommentar zu Ihren Klamotten (abgesehen von: »Was für ein tolles Kleid!« oder »In diesem Rock sehen deine Beine fantastisch aus!«) einfach nur sonderbar. Jedenfalls lautet die richtige Antwort: »Das sind sie in der Tat. Ich habe einen Spreizfuß. Das ist sehr schmerzhaft, und die Schuhe sind da sehr angenehm.«
10. *Dein T-Shirt gefällt mir. Ist das von H&M?*
Was soll ich sagen? Ich bevorzuge modische Klamotten, die gleichzeitig erschwinglich sind, und mich würde diese Äußerung nicht im Mindesten beleidigen. Doch manche Jungs glauben, dass sie Frauen heruntermachen können, indem sie fragen, ob sie billige Klamotten tragen. Mit einer solchen Botschaft signalisieren sie, dass sie auf Designer-Kleidung stehen. Die richtige Antwort: »Sind deine Hosen aus dem Outdoor-Laden, der die tollen Zelte verkauft?«

Bei meinen Interviews mit Frauen stellte ich fest, dass Kerle, die sie aufreißen wollen, nur mit einer Taktik wirklich Erfolg haben: mit *Komplimenten.* Die sind wie Speck – wir können einfach nicht anders, wir müssen sie lieben. Selbst wenn ein Bauarbeiter an uns vorbeikommt und uns sagt, dass wir schön sind – zum Teufel, selbst wenn er sagt: »He Baby, hübscher Arsch«, bereitet uns das jede Menge Vergnügen. Ein Typ kann mich fragen, ob ich eine Perücke trage oder ob ich schneller als Michael Phelps schwimme – was er will – damit kommt er mir nicht an die Wäsche. Aber sag mir, dass ich scharf bin und du kannst zumindest mit einem Zungenkuss rechnen.

»Ich weiß, sie sagen es zu jeder Frau, die vorbeikommt, aber trotzdem muss ich unwillkürlich lächeln, wenn ein Typ auf der Straße hinter mir her pfeift oder etwas über meinen Körper sagt«, gab eine gute Freundin von mir zu. »Ich finde das nicht im Mindesten beleidigend oder negativ. Weiter so, Jungs!« Fast jede Frau, mit der ich mich unterhielt, empfand genauso. Es ist uns egal, wer es sagt oder sogar was er zu uns sagt. Wenn man hinter uns her pfeift, dann gibt uns das einfach nur ein gutes Gefühl – zumindest solange wir nicht allein in einer dunklen Straße sind und eine Gruppe von Männern schnell auf uns zukommt. Im Grunde genommen sind Pfiffe dieser Art nichts anderes als ein Kompliment.

Wir sind oberflächlich: Kleider machen den Mann

Wir mögen Männer, die wissen, wie man sich gut kleidet. Für die meisten von uns bedeutet das nicht gleich, dass er sich in Armani-Anzüge oder Lederjacken von Prada schmeißen muss. Mädels wie wir sind meist glücklich, wenn sie selbst etwas im Schrank haben, das cool und gleichzeitig sauber genug ist, um es am Abend anzuziehen. Deshalb reicht es ihnen auch, wenn ein Mann weiß, wie er eine Jeanshose anzieht. Außerdem muss er ein Paar Schuhe besitzen, bei dem es sich nicht um weiße Turnschuhe handelt, und er darf sein T-Shirt nicht in die Jogginghose stecken. Wenn ein Typ, an dem wir Interesse haben, sich abartig kleidet, dann schreiben wir ihn deswegen nicht gleich automatisch ab – na ja, die meisten von uns tun das jedenfalls nicht. (Eine Freundin warf einen Typen raus, weil er Stiefeletten mit gekappter Schuhspitze trug.) Aber wir nehmen kleinere Verbesserungen seiner Garderobe vor, indem wir ihm entweder coole Hemden kaufen, die uns gefallen oder indem wir Klamotten aussortieren, die wir schauderhaft finden. Genau das tat ich mal bei einem Typen, der ein Charlie-Brown-T-Shirt besaß, mit dem gleichen Zick-Zack-Muster und in den gleichen Farben. Zu allem Überfluss hatte er selbst auch noch eine ziemlich runde Kopfform. Wenn er dieses T-Shirt trug, sah er wirklich so aus wie einer von den Peanuts. Also stopfte ich das Shirt eines Morgens ganz unten in die Mülltonne. War das unreif? Oberflächlich? Ist mir egal. Nur eines weiß ich ganz sicher, nämlich dass – du liebe Güte – keiner Charlie

Brown ficken möchte. Und das musste ich seit diesem Tag auch nie wieder.

Die Typen, die den Anweisungen der Pick-up-Artists folgen und Negs austeilen, tun auch gern etwas, das ihr Guru als Peacocking bezeichnet. Man benimmt sich wie ein eitler Pfau und bemüht sich, etwas Besonderes zu tragen, etwa ein besonderes Abzeichen, mit dem man das Interesse der Frau weckt. Solche Typen hoffen doch tatsächlich darauf, dass man zu ihnen kommt und sagt: »Guck mal an, ein Abzeichen! Was kann denn dieses coole Teil wohl bedeuten?« Und der eitle Pfau könnte dann antworten: »Witzig, dass du mich ausgerechnet nach meinem Abzeichen fragst. Das habe ich von meiner vierjährigen Nichte. Es ist ein Glücksbringer, der mich vor schnellen Autos und schnellen Frauen bewahren soll.«

»Haha!«, gackert sodann die Frau. »Meinst du etwa schnelle Frauen wie mich?«

»Ja!«, antwortet der Verführungskünstler. »Und jetzt lass uns in meine Bude gehen und vögeln.«

»OKAY!«, ruft sie aus, und alles nur, weil er dieses Abzeichen trug!

Ich weiß nicht, wie es Ihnen geht. Aber ein Typ mit einer Dienstmarke, dem ich Guten Tag sage, ist gemeinhin ein Polizist, der mir einen Strafzettel wegen überhöhter Geschwindigkeit verpassen will. Was könnte so ein eitler Fatzke tragen? Ich habe mich online über »peacocking outfits« schlau gemacht und fand einen Nietengürtel mit Schnappverschluss, an dem Dichtungsringe und ein Yin-Yang-Anhänger baumelten. Derlei Dinge hätte eine Frau in den Neunzigern vielleicht zu ihren Contempo-Casual-Stiefeln getragen. Doch nichts davon ist sexy oder modisch. Wenn ein Kerl die Aufmerksamkeit einer Frau ernsthaft auf sich ziehen will, dann muss er die Pelzhüte den Kiffern mit den Devilsticks überlassen und einfach nur etwas Normales tragen – wie Jeans und ein T-Shirt oder ein Button-Down-Hemd. So schwer ist das gar nicht!

Wenn Männer mit unseren Freundinnen flirten, werden wir ärgerlich

Viele Männer, die eine Frau anmachen wollen, halten es für klug, mit deren Freundinnen zu flirten: Also graben sie, was das Zeug hält. Im Aufreißer-Handbuch wird das als aktives Desinteresse bezeichnet, was teilweise sogar so weit geht, dass der Mann die Frau, auf die er ein Auge geworfen hat, vollkommen ignoriert. Manchmal gehört auch niveauloses, eindeutiges Verhalten dazu: Er starrt das Mädchen an, fixiert ihre Lippen, dann lächelt er und wendet sich schnell ab, um die Botschaft zu vermitteln: »Dazu wird's nicht kommen.« Dann flirtet der Typ mit ihren Freundinnen, und das Zielobjekt soll mit Eifersucht reagieren, weil sie weiß, dass sie die Verbindung zu ihm hergestellt hat. Also wird sie sich jetzt bemühen einzuschreiten, um die Aufmerksamkeit des Verführungskünstlers wieder auf sich zu lenken.

Meine Güte – das ist aber wirklich eine komplizierte Methode, um das Interesse einer ebenso unsicheren wie bedürftigen Frau zu erregen. Die Frauen, die ich kenne, behaupten, dass sie das Weite suchen, wenn ein süßer Kerl sie die meiste Zeit über ignoriert und sich mit ihren Freundinnen unterhält, denn sie vermuten dann, dass er kein Interesse an ihnen hat. Wenn er sich ihnen doch zuwenden würde, wären sie verwirrt oder würden ihn für einen Trottel halten. Allzeit bereite Mädchen lassen sich ja vielleicht zu einigem herab, aber niemals würden sie eine Freundin wegen eines One-Night-Stands übers Ohr hauen. Doch wenn eine Frau ernsthaft an dem gleichen Kerl interessiert ist wie ihre Freundin, und er sie ebenfalls sympathisch findet, dann wird sie sich auch darauf einlassen – und sich hoffentlich vorher noch mit ihrer Begleiterin abstimmen. Solange ein ernsthaftes Interesse vonseiten einer Frau besteht, ist es nur fair, die andere Frau darum zu bitten, den Weg freizumachen. Auch hier gilt »Freundin vor Stecher«.

Eine Ermahnung zum Thema »Freundin vor Stecher«

Es gab zwei Gelegenheiten in meinem Leben, bei denen ich dem Prinzip »Freundin vor Stecher« zugegebenermaßen nicht gefolgt bin. Das erste Mal bei einer Sommer-Affäre, an die ich mich kaum erinnern kann – er war der erst unlängst verflossene Freund eines Mädchens, mit der ich mich selbst gerade erst angefreundet hatte, als wir beide es in betrunkenem Zustand miteinander trieben. Um es wiedergutzumachen stellte ich sie einem bezaubernden Freund von mir vor, und sie wurde selbst flachgelegt. Also nichts passiert – tatsächlich dankte sie mir sogar dafür, dass ich mit ihrem Ex geschlafen hatte, weil sie sich ganz schön in den Kerl verguckt hatte, mit dem ich sie verkuppelt hatte und sichergehen wollte, dass ihr Ex vollkommen aus dem Weg geräumt wäre und nicht verletzt reagieren würde, wenn sie so schnell zum nächsten Mann überging.

Die andere Gelegenheit ergab sich in den Sommerferien auf der Highschool. Der ultimative Held unserer Schule verbrachte den Sommer zu Hause, und meine Freundin und ich besuchten ihn, um mit ihm Marihuana zu rauchen. Sie war schon seit drei Jahren in ihn verschossen, ich war also einfach nur mitgekommen, um ihr moralische Unterstützung zu leisten, damit sie mit ihm flirten und sich zukiffen konnte. Nun, am Ende schauten wir uns einen Film an und verloren das Bewusstsein, wobei der Kerl genau zwischen uns lag. Als ich aufwachte, presste er sich dicht an mich, und ich weiß nicht, ob es der Stoff oder die Sommerhitze war, aber plötzlich hatte ich richtig Lust, mit ihm rumzubumsen. Für meine Freundin war es Zeit, nach Hause zu gehen, und als sie aufstand, fragte sie mich, ob ich mitkommen würde. Ich antwortete, dass ich immer noch zu müde sei, und nachdem sie mir wütende Blicke zugeworfen hatte und hinausgestürmt war, knutschte ich bestimmt eine halbe Stunde lang mit ihm herum.

Später quetschte sie mich über das aus, was passiert war. Ich log und berichtete ihr, dass ich lediglich noch etwas geschlafen hätte und eine halbe Stunde später nach Hause gegangen sei. Ihr war klar, dass dies nicht der Wahrheit entsprach, und ich fühlte mich schrecklich. Es dauerte fast ein ganzes Jahr, bis wir uns wieder genauso nahestanden wie vorher.

Eigentlich glaube ich fest an die Regel »Freundin vor Stecher«. Doch ich wollte auch ein Stück von dem oberscharfen Highschool-Typen, und so log ich meine Freundin an, um es mir zu sichern. Aber ich würde es nie wieder tun, egal wie benebelt ich von dem dicken Joint war. Und – nur fürs Protokoll – wie das bei so manch einem Mädchenschwarm aus der Highschool ist, so wurde auch er vorzeitig kahl und unattraktiv. Meine Freundin und ich sind immer noch vereint.

Sexy Talk

Zu Collegezeiten nahm ich mal einen Freund mit nach Hause, weil er so geradeheraus über Sex sprach, darüber, wie gut es zwischen uns sein würde und dass es zu seinen Lieblingsbeschäftigungen gehörte, Mädels zu bumsen. Außerdem verkündete er, dass sein Schwanz so dick wie der Arm eines Babys sei, und um ehrlich zu sein, allein dieser Gedanke machte mich schon total scharf. Aufgeregt nahm ich ihn mit nach Hause, der abendliche Sex mit ihm schien vielversprechend zu sein. Wir begannen miteinander rumzumachen, und ich tastete die Region da unten schon mal ab. »Hä?«, dachte ich. »Der Arm eines Babys?« Es war mehr der Schwanz eines Babys. Der Typ hatte mich eiskalt belogen, und ich war dumm genug gewesen, um darauf hereinzufallen. Ich dachte mir eine Entschuldigung aus, um ihn loszuwerden – so waren wir nie über ein paar harmlose Zungenküsse hinausgekommen. Ich würde lügen, wenn ich behaupten würde, dass dieser Typ der letzte war, von dem ich mich hereinlegen ließ, indem er mir tollen Sex versprach.

In vielen Sexmagazinen für Männer liest man Dinge wie: »Frauen werden nicht gern wie Dinge behandelt! Gebt ihnen nicht das Gefühl, ein Sexualobjekt zu sein! Wenn das Erste, was dir über die Lippen kommt, eine sexuelle Anspielung ist, dann törnt sie das nur ab, und sie hält dich für einen Idioten. Frauen mögen nette Männer! Sex, igitt!«

Oh Mann! Ich kenne viele gedankenlose Frauen, die mit einem Typen nur deshalb gevögelt haben, weil er etwas absolut Scharfes gesagt hatte. Nur wegen der richtigen Bemerkung ließen sie ihn ohne viel Aufhebens ran an ihre weiblichen Teile, um sie anzuschauen, zu berühren oder zu fühlen. »Du siehst aus, als ob du im Bett verdammt gut bist«, hat bei meinen Freundinnen mehr als einmal gewirkt. Und dann gibt es noch: »Ich gäbe eine Million Dollar, wenn ich sehen könnte, was für ein Unterhöschen du trägst.« Nachdem ich einen Augenblick nachgedacht hatte und mir einfiel, dass es sich nicht um das Standard-Baumwollhöschen handelte, das es im Fünferpack auf dem Wühltisch gibt, ließ ich ihn einen kleinen Blick darauf werfen, indem ich den Hosenbund etwas lüftete. »Aaah«, stöhnte er. »Ist das heiß!« Wir trieben es nie miteinander, obwohl er so süß war, dass ich mich wahrscheinlich darauf eingelassen hätte – und sei es nur, um ihm zu zeigen, dass ich auch den passenden BH dazu trug.

»Mein absoluter Lieblingsspruch kam von diesem Typen, der bei einer Party auf mich zukam und einfach nur sagte: ›Hier ist es ätzend. Komm, wir gehen irgendwohin, wo wir ficken können‹«, berichtet Sarah, eine dreißigjährige Freundin. »Wir fassten uns also fest bei der Hand, verließen die Party und sprangen in ein Taxi, mit dem wir in seine Wohnung fuhren, um genau das zu tun.« Ein Mann riss einmal eine andere Freundin von mir auf, indem er sagte: »Dein Arsch in diesem Rock ist das Heißeste, was ich seit Langem gesehen habe.«

»Er war scharf, ich war beschwipst, und es machte mich total an, dass ich ihn anmachte«, erzählte sie. »Ich liebe Schmeicheleien, und es ist mir egal, ob sie in ›sexistischer‹ Verpackung daherkommen. Wenn ein Typ mich für heiß hält und mir das sagen will, dann ist es durchaus wahrscheinlich, dass ich seine Komplimente auf körperlichem Wege belohne. Natürlich gilt das nur, wenn ich ihn attraktiv finde. Unglücklicherweise wirken Bemerkungen dieser Art nicht, wenn sie aus dem Mund eines ekligen Drecksacks kommen.«

Selbst wenn es nur um Sex geht, läuft alles auf Komplimente hinaus. Komplimente sind einfach die beste Methode, um das Herz und die Lenden eines Mädchens zu erobern. Schmeicheleien mag einfach jede Frau, sie kommen nie aus der Mode. Wenn man uns sagt, dass wir schön sind, einen hübschen Körper haben oder sexy sind, so spricht das einen unserer grundlegenden Instinkte an: unser Ego! Das muss ein Kerl nur gebührend streicheln, und schon streicheln wir möglicherweise auch irgendetwas bei ihm.

Frauen und One-Night-Stands

Die meisten Männer wären überrascht, wenn sie herausfänden, wie viele willige Mädchen gern mit ihnen schlafen würden, einfach nur um herauszufinden, ob der Sex mit ihnen gut ist. Danach wollten sie aber nichts mehr mit ihnen zu tun haben. Die Gesellschaft erwartet von Frauen, dass sie One-Night-Stands für schmutzig halten. Sie sollten dabei das Gefühl haben, ausgenutzt worden zu sein, und sie sollten ein schlechtes Gewissen haben. Ich aber kenne viele Frauen, die es lieben, mit Männern zu bumsen, wenn ihnen gerade danach ist, und sich am Morgen danach aus dem Staub zu machen. Ich schrieb einen *Maxim*-Artikel darüber, der jede Menge positive Resonanz auslöste. Der Grundtenor lautete, dass Frauen ziemlich häufig One-Night-Stands haben. Manchmal finden wir sie toll und geben am darauffolgenden Tag damit an. Manchmal ist es eine vollkommene Katastrophe und wir weinen anschließend bitterlich. Aber sie kommen vor, und das sogar ziemlich häufig.

Der beste One-Night-Stand, den ich je hatte

Mein bester One-Night-Stand ereignete sich vor vielen Jahren, als ich beim Burning-Man-Festival war, jener verrückten Nonstop-Party, die jedes Jahr eine ganze Woche lang in der Wüste von Nevada stattfindet (Ich weiß! Aber ich war neunzehn!). Ich weiß noch nicht mal mehr, wie ich Wills kennenlernte, ich glaube, ich war high vom Verzehr psychedelischer Pilze. Außerdem weiß nach dem Burning Man sowieso keiner mehr so genau, was warum geschah. Er wohnte zufällig in einem tollen Winnebago-Wohnwagen, während ich in einem kalten, schmutzigen, engen Zelt hauste. Nachdem ich mit ihm und seinen Freunden eine Weile abgehangen hatte, war ich mehr als glücklich, später in sein warmes Bettchen zu kriechen. Die Nacht war vornehmlich deshalb so unvergesslich, weil er gut im Bett war und weil wir ein ganzes Bett statt nur einen kleinen Schlafsack zur Verfügung hatten. Er war unglaublich zärtlich und berührte mich einfach überall, und alles war leicht, lustig und unbeschwert. (Ja, richtig, ich hatte ein paar Pilze intus, aber trotzdem.)

Als ich am nächsten Morgen aufwachte, servierte er mir einen Orangensaft, Kaffee und ein getoastetes Brötchen mit Frischkäse. Er trug allerdings einen Sarong, was Punktabzug bedeutete, aber ich schreibe das der Tatsache zu, dass er Europäer und eine Art Hippie war. Ich genoss mein Frühstück in der warmen Sonne und blieb eine Weile bei ihm sitzen, bevor ich ihm sagte, dass ich gehen müsse, um meine Freunde wiederzufinden, wo immer sie waren. Er gab mir einen Kuss auf die Wange und versicherte, dass es ihm gut gefallen hätte. Ich wüsste ja, wo ich ihn finden könnte, wenn ich abends noch mal zurückkommen wollte. Ich lächelte und zuckte die Achseln. Ich antwortete, dass ich vielleicht wirklich zurückkommen würde, denn ich war glücklich und voller Energie. Ich hatte das Gefühl, dass die Entscheidung mir überlassen worden war und dass er nicht versuchte, mehr daraus zu machen, als es war. Ich kannte nur seinen Vornamen, wusste, dass er aus England kam und wie Sting aussah. Wir hatten guten Sex. Das reichte. Es war so, wie ein schöner One-Night-Stand sein sollte. Es ist einfach nicht das Ziel, sich hinterher in eine Ecke zu kauern und in Tränen darüber auszubrechen, dass die Typen niemals mehr von einem wollen als zu vögeln.

Natürlich bieten sich Gelegenheiten zu derlei One-Night-Stands am ehesten im Urlaub oder auf einem Fest wie dem Burning Man, denn hier läuft man nicht so schnell Gefahr, dem Typen, mit dem man gerade die Nacht verbracht hat, in der U-Bahn oder im Restaurant um die Ecke zufällig wieder über den Weg zu laufen. Aber unser Ego kann einem erfolgreichen One-Night-Stand im Wege stehen. Auch wenn eine Frau den Typen nicht wiedersehen oder noch einmal mit ihm schlafen will, ärgert sie sich vielleicht darüber, dass der Typ sie ebenfalls nicht wiedersehen oder noch einmal mit ihr schlafen will.

Die Wiederholungstäterin

Manche Menschen haben kein Problem mit permanenten One-Night-Stands. Ein typisches Beispiel: Meine gute Freundin, die sich dauernd Typen mit in die Wohnung nimmt, um sich mit ihnen nach der Sperrstunde schnell noch mal im Heu zu wälzen. Ihr geht es nur um einen netten Orgasmus vor dem Schlafengehen.

»Es ist leicht, jemanden zu finden, der bereit ist, mit mir

zu kommen, wenn die Bar schließt«, berichtete sie über ihre kurzen Liebschaften. »Es gibt immer irgendeinen Nachzügler, der noch einen Drink will. Manchmal frage ich auch, ob wir uns von der Pizzeria gegenüber von meiner Wohnung noch etwas mitnehmen sollen«, erläuterte sie. »Dann bitte ich sie noch auf eine Tasse Kaffee nach oben. Manchmal weiß ich noch nicht einmal, wie er heißt, und wir gehen einfach nur hinauf und treiben es miteinander. Manchmal bleiben sie die ganze Nacht und gehen am Morgen, was mir am besten gefällt. Ich kann es nicht leiden, wenn ein Typ sich mitten in der Nacht hinausschleicht, auch wenn ich ihn nur für Sex aufgerissen habe. Es gibt schließlich immer noch so was wie Etikette!«

Dennoch hasst sie es, wenn ein Typ am darauffolgenden Tag zu lange bleibt und erwartet, dass sie noch mit ihm bruncht oder einkauft und vielleicht dann noch mit ihr zu Abend isst, und sie am Ende des Tages mit »Liebling« anredet. »Das ist mir einmal passiert, und das Problem dabei war, dass ich den Typen, mit dem ich gevögelt hatte, wirklich sympathisch fand. Also blieb ich bei ihm und wir frühstückten zusammen. Anschließend gingen wir gemeinsam Vorhänge kaufen. In der Einkaufspassage besorgte er mir eine Zahnbürste und sagte, dann müsste ich das nächste Mal, wenn ich bei ihm wäre, nicht mehr seine benutzen. Ich war ziemlich aufgeregt, in welche Richtung sich die Sache so schnell entwickelte – aber dann hörte ich nie wieder was von ihm. Das lief schrecklich schief«, berichtete sie.

Meine beste Freundin, Marie, hatte früher auch regelmäßig One-Night-Stands. Sie war immer enttäuscht von der Größe der jeweiligen Schwänze, die sie mit nach Hause nahm. Aber sie hatte auch hohe Ansprüche.

»Warum können die Jungs nicht einfach ein Schild auf dem Ärmel tragen mit der Aufschrift ›Attrappe‹ oder ›Mini-Penis‹?«, fragte sie mich eines Tages.

»Genauso gut könnten Frauen Schilder mit der Aufschrift ›superlange Schamlippen‹ tragen«, antwortete ich ihr. »Da sind die Jungs empfindlich. Außerdem sind ja nicht *alle* winzigen Pimmel schrecklich«, fügte ich hinzu.

»Mit wem glaubst du eigentlich zu reden – mit einem Mann? Doch, sie sind fürchterlich«, meinte sie. »Ich finde es einfach abscheulich, wenn ich einen Mann mit nach Hause nehme, dessen Schwanz sich als Winzling entpuppt. Und man kann nicht wirklich von ihrer Statur oder der Größe ihrer Hände oder aus ihrem Verhalten schließen, wie der Schwanz aussieht. Wie bei diesem Richard. Erinnerst du dich an diesen total kleinen Kerl?«

Das tat ich. Er hatte Socken getragen, während er mit ihr schlief.

»Ja, der kleine Richard«, sagte ich. »Was war mit ihm?«

»Na ja, er war zwar klein, aber weil man ja nie wissen kann, hab ich es ausprobiert und war absolut angenehm überrascht von der Größe seines Dings. Absolut überdurchschnittlich, und er wusste auch damit umzugehen«, versicherte sie.

»Warum hast du dann nie auf seine Anrufe reagiert?«, fragte ich.

»Als ich sein Hanes-T-Shirt auf dem Boden sah, bemerkte ich, dass es sich um eine Kindergröße handelte«, erklärte sie. »Er kaufte in der Jungenabteilung ein. Das war der Grund.«

Marie hatte auch einmal Probleme mit einem One-Night-Stand, der einfach nicht gehen wollte. Und weil wir zu dieser Zeit zusammenwohnten, wurde es schon bald auch zu meinem Problem. Sie hatte den Typen über gemeinsame Freunde auf einer Party kennengelernt und brachte ihn mit in unsere Wohnung. Der nächste Tag war ein Samstag und ich lungerte auf der Couch herum, sah Fernsehen, aß Toast und war ansonsten einfach nur faul. Maries Tür stand halb offen, aber ich dachte mir trotzdem nichts dabei, vor mich hin zu furzen, während ich dort herumlag. Schließlich stand ich auf, um zu duschen, und als ich nur in ein Handtuch gewickelt wieder herauskam, begann ich, Kaffee zu kochen. Da hörte ich, wie jemand ihr Zimmer verließ.

»Oh, hey«, sagte ich, ohne mich weiter umzusehen.

»Äh, hi«, antwortete eine tiefe Stimme, bei deren Klang ich herumwirbelte und einen Schrei ausstieß. Vor mir stand ein bulliger Kerl in zerknitterten Klamotten.

»Ich bin James«, sagte er. »Maries Freund.«

»Oh«, entgegnete ich. »Und wo ist Marie?«

»Sie hatte irgendwas vor und meinte, ich könnte hier schlafen«, antwortete er.

Na ja, das war wahrscheinlich schon okay. Keine große Sache. Jetzt, da er wach war, würde er sich ja wohl bald verziehen.

»Oh, cool. Na ja, nett dich kennengelernt zu haben. Ich muss mich jetzt anziehen und treffe mich zum Brunch mit

Freunden. Bis dann also«, sagte ich und zog mich in mein Schlafzimmer zurück. Aber nachdem ich mich angezogen hatte und wieder ins Wohnzimmer kam, sah ich ihn vor dem Fernseher sitzen.

»Okay, na ja, ich muss jetzt gehen, also …« Ich wartete darauf, dass er aufstand und mit mir zusammen die Wohnung verlassen würde.

»Ja, tschüs«, antwortete er. »Marie meinte, sie sei bald wieder da, also treff ich dich später sicher noch.«

Was zum Teufel stimmte mit diesem Kerl nicht? Auf dem Weg zu meinem Brunch schickte ich Marie eine wütende SMS.

»Sorry, der ist aus New York zu Besuch. Wahrscheinlich hat er keinen Platz zum Schlafen«, antwortete sie mir.

Na toll. Der One-Night-Stand-aus-der-anderen-Stadt. Die Sorte Typ, die unsere Gastfreundschaft strapaziert.

Der One-Night-Stand, der einfach nicht geht

Abgebrühte Mädchen erwarten, dass keiner den One-Night-Stand in etwas Längerfristiges zu verwandeln versucht. Man treibt es eine Nacht lang mit einem Fremden (manchmal auch mit einem Freund!), und am nächsten Morgen macht der Typ sich wieder vom Acker. Aber gelegentlich beschließt so ein Kerl – aus welchem Grund auch immer – auch noch den restlichen Tag zu bleiben, was einen in ziemliche Verlegenheit stürzen kann.

Eine Freundin sagte kürzlich zu mir: »Du hast keine

Vorstellung, wie peinlich es war. Es war ein Samstagmorgen, deshalb konnte ich nicht meinen Job vorschieben, um ihn loszuwerden. Zuerst war er ganz süß – er wollte nur kuscheln. Also probierten wir es mit der Löffelstellung, aber nachdem wir das eine Viertelstunde lang gemacht hatten, war es mir eigentlich nur noch peinlich. Also stand ich auf, um Kaffee zu kochen. Dann legte er sich auf meine Couch und wickelte sich in meine Decke ein, nahm die Fernbedienung zur Hand und machte es sich bequem, um ein bisschen zu zappen. Ich verkündete, dass ich mich jetzt duschen würde in der Hoffnung, dass er angezogen sein würde, wenn ich fertig war. Aber nein. Jetzt sah er sich ein Fußballspiel an! Vorsichtig erklärte ich ihm, dass ich keinerlei Interesse an Fußball hatte und dass ich mir nie ein Spiel ansah. Ich hoffte, dass er den Hinweis verstand und sich sein Spiel irgendwo anders reinziehen würde. Stattdessen begann er, mir die Fußballregeln zu erklären. Hat dir schon mal jemand versucht, die Fußballregeln beizubringen? Es geht nur um Meter und mathematische Scheiße. Also sagte ich schließlich: ›Sieh mal, es hat ja durchaus Spaß gemacht mit dir, aber ich muss jetzt ein paar Besorgungen machen und die Wäsche in den Keller bringen.‹ Also begleitete er mich doch tatsächlich nach unten. Ich glaubte, er würde verschwinden, doch er ging geradewegs in den Waschkeller und begann, meine fiese, schmutzige Unterwäsche zu durchwühlen und mir zu erzählen, dass ich für Flecken doch Fleckenstifte benutzen sollte! Es waren Blutflecken von meiner Periode!« Da war es vorbei. Sie sagte zu ihm, dass es ihr sehr leid tue, sie nun aber etwas Zeit für sich brauche. Endlich verstand er. Aber es war noch nicht das Ende. Sie berichtete weiter: »Er rief noch an, um mir zu sagen, dass er gut zu Hause angekommen sei. Danach meldete er sich ganze zwei Wochen lang täglich dreimal bei mir und schrieb mir schließlich eine SMS mit den Worten: ›Fick Dich, Du Miststück!‹ Manche Jungs sind eben ziemlich neben der Spur.«

Erektile Dysfunktion (und andere peinliche Situationen bei One-Night-Stands)

Ich sage es nicht gern, aber für eine Frau gibt es tatsächlich nichts Schlimmeres als einen Typen auf einen Quickie in ihre Wohnung mitzunehmen und dann kriegt er seinen Schwanz einfach nicht hoch. Bei schnellen Nummern geht es um heißen, harten, rohen Sex, nicht um peinliche Augenblicke, in denen wir nackt dasitzen und den Mann dabei beobachten, wie er seinen Penis reibt, damit er hart genug wird, um es mit uns zu treiben. Damit will ich nicht sagen, dass das vollkommen anormal ist – wenn eine Frau da draußen einen Kerl trifft und sie beide beschließen, nach Hause zu gehen und Sex miteinander zu haben, war häufig vorher jede Menge Alkohol im Spiel. Und nichts nimmt einem Mann so sehr den Wind aus seinem Wienerwürstchen wie Whiskey-Cola. Aber trotzdem! Was sind solche Augenblicke für Frauen doch deprimierend!

»Ich hatte ein kurzes Liebesabenteuer mit einem Kerl, der

fast gar nicht hart wurde, obwohl wir es immer wieder versuchten«, berichtet eine Freundin von mir. »Das Schlimmste war, dass er immer wieder beteuerte: ›Das passiert mir sonst nie.‹ Also nahm ich traurigerweise an, dass alles mein Fehler war und er *mich* nicht attraktiv fand.« Egal, welche Entschuldigung für die Schlaffheit zutreffend ist – ein Whiskey-Cola-Pimmel, Antidepressiva, Leistungsdruck – Frauen gehen immer davon aus, dass es in gewisser Hinsicht ihre Schuld ist, dass der Mann einfach nicht so sehr auf sie steht, was ihr Ego vollkommen in sich zusammenfallen lässt.

»Ich hasse es, wenn ein Kerl bei einem One-Night-Stand schlaff wird!«, schloss sich auch meine Freundin Kathy an. »Warum zur Hölle glaubt er, habe ich ihn mit nach Hause genommen? Bestimmt nicht, um Small Talk zu machen und mir die Entschuldigungen für seine Potenzprobleme anzuhören.«

Kleine Pflichtlektüre für Ihre männlichen Freunde: Tipps zur Frauen-Anmache

Sie kennen ein paar Männer, die vielleicht etwas häufiger einen Treffer landen wollen? Im Folgenden habe ich ein paar praktische Tipps für diese Jungs parat, was man auf keinen Fall tun sollte, wenn man ein weibliches Wesen abschleppen will – egal ob für einen One-Night-Stand oder um eine wunderbare Beziehung mit ihr zu beginnen.

1. Vermeide einen schlaffen Schwanz.
2. Trage keine blöde Kleidung wie große Hüte, aufgestellte Kragen oder Abzeichen.
3. Beleidige sie nicht, und versuch auch nicht, sie zu neggen. Nur Komplimente sind erlaubt.
4. Vermeide einen schlaffen Schwanz.
5. Bleib nicht das ganze Wochenende, wenn sie Dich mit nach Hause nimmt.

Und da ich weiß, dass Ihr Jungs immer einen guten Rat brauchen könnt, sind hier noch ein paar Tipps, wie Ihr eine Frau ins Bett kriegt:

1. Macht ihr auf jede erdenkliche Weise Komplimente. Wenn Ihr mit ihr flirtet, macht sexuelle Anspielungen. Sagt, wie sehr sie Euch antörnt oder wie gut sie riecht. Dann weiß sie, dass Ihr sie ausziehen wollt – zumindest hofft sie das, wenn sie den Flirt erwidert.
2. Behaltet sie den ganzen Abend über im Auge. Irgendwann wird sie zu Euch herüberschauen, und dann, wenn sie den Blick tatsächlich erwidert, ist sie bereit, mit Euch zu reden und schließlich zu bumsen.
3. Kauft ihr einen Drink – leicht, bezaubernd und billig.
4. Tragt normale Klamotten. Frauen ziehen Männer,

die in puncto Klamotten auf Nummer sicher gehen, jenen vor, die bei Hot Topic einkaufen.

5. Wenn möglich, dann erwähnt, dass Ihr einen großen Penis habt, aber wehe Ihr lügt!

8

Was Frauen im Bett wollen

Leg das Kamasutra weg – den Großen Wagen mache ich mit dir heute Nacht bestimmt nicht

Reden wir über Sex. Ja, schon wieder. Sex ist für Frauen ein sehr interessantes Thema. Es wird behauptet, dass Männer etwa zweihundertfünfzig Mal am Tag an Sex denken. Bei Frauen, so heißt es, sind es nur sechs Mal am Tag – dabei stellt sie sich immer nur ihren Partner in Missionarsstellung vor, und danach liest sie die Bibel, weil sie sich deshalb so schuldig fühlt. Ich bin jetzt seit zwei Jahren Sex-Kolumnistin, und ich habe viele Frauen zu ihren sexuellen Gewohnheiten befragt. Das eine kann ich mit absoluter Sicherheit sagen: Sechs Mal täglich entspricht einfach nicht der Realität. Manche wilden Mädchen denken einfach ständig daran: von der Minute, in der sie aufwachen, bis zum Schlafengehen am Abend. Garantiert überlegen manche auch häufig genug, wie sie die abendliche Nummer mit ihrem Freund umgehen können, aber egal – auch dann denken sie darüber nach! In diesem Kapitel erforschen wir sämtliche Aspekte, die Sex für Frauen haben kann: Wie sehr sie ihn wollen, wie sie ihn haben wollen, mit wem sie ihn haben wollen und wie oft sie es tatsächlich treiben.

Wissen Sie, was ich hasse? Verheiratete, männliche Comedians. Sie sprechen immer über das Gleiche – nämlich darüber, dass ihre Frauen nicht mehr mit ihnen schlafen wollen. »›Nicht heute Abend, Liebster. Ich habe Kopfschmerzen.‹ – Du hast Kopfschmerzen, was ist mit meinen Eier-Schmerzen?!«, sagen sie dann immer, und dann auch noch mit so einer schrecklichen Wimmerstimme, mit der sie ihre Frauen imitieren. Wenn ich diese Typen sehe – meist mit rotem, schütteren Haar –, dann denke ich oft: »Nein, mein Junge, sie will vielleicht einfach nur keinen Sex mehr *mit dir* haben.« Frauen genießen Sex, und soweit ich weiß, wollen sie ihn regelmäßig.

Trotzdem ist es natürlich möglich, dass wir Langeweile empfinden, wenn wir es Abend für Abend mit dem gleichen Mann treiben müssen. Aber noch schlimmer ist es, wenn unser Partner das Interesse verliert und deutlich seltener mit uns schlafen will als früher. Das passiert häufig nach etwa dreieinhalb Jahren. Wir reagieren beleidigt, fühlen uns unattraktiv und grübeln darüber nach, warum der Kerl nicht mehr scharf auf uns ist. Dann werden wir misstrauisch und fragen uns, wo er sich holt, was er braucht, denn früher wollte er doch jeden Abend einen geblasen kriegen. Jetzt aber wälzt sich der faule Sack maximal einmal pro Woche auf uns herum. Wahrscheinlich verbringt er jede Menge Zeit damit, sich bei einem Porno einen runterzuholen. Oder er hat eine andere. Aber das Schlimmste ist, dass wir selbst immer noch geil sind. Und wenn er es uns nicht besorgen will, tja, dann ist das einfach nur deprimierend. Wir wollen nicht immer diejenige sein, die die Initiative ergreift. Wir wollen, dass er uns genauso sehr begehrt wie wir ihn. Und je passiver er ist, umso passiver werden auch wir. Über kurz oder lang wächst sich die Sache zu einem Riesenproblem aus. Dann fangen die Partner an, sich gegenseitig zu betrügen, oder sie trennen sich. Ein wahrer Teufelskreis!

Ich sprach darüber mit einer Freundin. Sie schilderte mir, dass sie sich den Sex immer mehr gewünscht hatte als ihr Freund – bis zu dem Tag, da sie beschloss, dass sie ihn nicht mehr liebte. Von da an konnte sie sich selbst nicht mehr überwinden, ihn zu berühren. Unglücklicherweise hatte sie nicht genug Mumm, sich gleich von ihm zu trennen. Also verbrachte sie fast eineinhalb Jahre damit, Sex unter allen Umständen zu vermeiden.

»Du hättest sehen sollen, wie ich versucht habe, ihn mir am Valentinstag vom Leib zu halten«, berichtete sie mir. »Weißt du eigentlich, wie schwer das ist? Immerhin ist das ein ganzer Feiertag, an dem Sex im Mittelpunkt stehen sollte. Ja, natürlich gibt es auch noch Blumen und Pralinen und nette Abendessen, aber letzten Endes läuft doch alles darauf hinaus, dass die Gesellschaft einen zum Bumsen zwingt. Es heißt immer, es sei ein Feiertag, den sich der Einzelhandel ausgedacht hätte, um seine Geschäfte anzukurbeln, aber eigentlich ist es ein *Penthouse*-Feiertag.«

»Wie bist du aus der Nummer herausgekommen?«, fragte ich.

»Das war nicht so einfach. Entscheidend war aber letztlich der Alkohol. Wir waren abends essen gegangen. Kurz bevor wir das Restaurant verlassen wollten, bestellte ich noch eine Flasche Wein und ein Dessert. Dann bestand ich noch auf einen Absacker und anschließend darauf, noch ein paar Schnäpse zu kippen. Ich machte ihn so betrunken, dass er mir zu Hause einfach nur zusammenbrach. Damit hatte ich Erfolg, aber den ganzen Abend über war ich total angespannt und dachte: ›Oh Gott, er will bestimmt mit mir schlafen, wenn wir nach Hause kommen.‹«

Trotz dieser Geschichte sollten wir eines festhalten: Die meisten meiner Freundinnen, die in langjährigen Beziehungen leben, bekennen, dass ihr Bedürfnis nach Sex deutlich stärker ist als das ihres Partners.

Wie oft wollen wir es?

»Das hängt, ehrlich gesagt, davon ab, wie lange die Beziehung andauert«, meint Amanda, eine dreißigjährige Freundin, die ein paar langjährige Partnerschaften hinter sich hat. »Zu Beginn meiner letzten Beziehung trieben wir es jede Nacht. Und an den Wochenenden sogar zweimal am Tag«, berichtet sie. »Das ging etwa ein Jahr lang so. Dann wurde es langsam weniger, und im dritten Jahr waren wir bei zweimal die Woche angelangt. Manchmal auch nur einmal die Woche. Manchmal weniger. Das Traurige war: Ich war meistens diejenige, die scharf darauf war – mehr als er.«

Ich verstand. Ich selbst hatte so etwas auch schon erlebt: Ein Freund, mit dem ich viele Jahre zusammen war, hatte mich quasi auf kalten Entzug gesetzt. Am schlimmsten war es, als ich einmal nach einem Streit versuchte, den üblichen herrlichen Versöhnungssex zu initiieren. Eigentlich hatten wir uns schon versöhnt, und er las gerade ein Buch, als ich im schwarzen, spitzenbesetzten BH und Höschen das Schlafzimmer betrat. Ich schlenderte zu ihm hinüber und begann, ihn zu küssen. Ich fühlte mich absolut begehrenswert und bereit zum Sex. Er grunzte nur und drehte sich auf die andere Seite.

»Was ist los?«, fragte ich und küsste seinen Nacken.

»Ich bin nicht in Stimmung«, schnaubte er. »Ich ärgere mich immer noch über unseren Streit!«

Ich war einigermaßen verblüfft. Er blieb ernst und verhielt sich geradezu zickig, und das, obwohl ich so heiß aussah. Ich schlug vor, ihm einen zu blasen, einfach um ihn aus seiner beleidigten Nullbock-Stimmung rauszuholen.

»Nein. Ich will nur lesen und dann schlafen«, schmollte er.

Fuck! So will keine Frau behandelt werden, schon gar nicht beim Sex. Wenn wir Sex wollen, dann sollten wir ihn auch kriegen! Abweisung ist Frauensache, zumindest hat man uns das so beigebracht. Das Problem ist, dass ich nicht allzu viele Frauen kenne, die den Mann abweisen, wenn er mit ihnen schlafen will. Dagegen kenne ich mittlerweile deutlich mehr Männer, die dazu bereit sind. Warum ist das so? Ich beschloss, mich mit meinen männlichen Freunden zu unterhalten, um herauszufinden, was mit ihrer Libido geschieht, wenn sie sich in einer festen Beziehung befinden.

»Du wirst es nicht glauben, aber als ich vierunddreißig wurde, schien irgendetwas mit mir zu passieren«, sagte mein Freund Matt, der sich ständig mit neuen Frauen trifft, nachdem seine letzte Beziehung schwer in die Hose gegangen ist und ihm ein gebrochenes Herz bescherte. »Mein Schwanz ist einfach nicht mehr so eifrig wie sonst, ich weiß nicht, wieso«, versuchte er zu erklären. »Ich schiebe es aufs Alter, was traurig ist, denn früher konnte ich mir nicht vorstellen, einmal zu alt zum Vögeln zu sein. Ich war immer stolz darauf, wie geil ich war und dass ich ihn immer und jederzeit hochbekam. Ich leide zwar nicht an Erektionsstörungen, aber ich bin einfach nicht mehr so geil wie früher. Na ja, manchmal befürchte ich doch, eine Erektionsstörung zu bekommen.«

»Oh. Hmm. Tut mir leid. Ich weiß, dass es so was gibt. Ist ja ätzend«, tröstete ich.

»Ja, manchmal kommt so was vor. Und es ist wirklich ätzend. Du weißt gar nicht, wie sehr. Man kann kein Mädchen davon überzeugen, dass man sie wirklich scharf findet und mit ihr schlafen will, wenn der eigene Schwanz wie ein toter Wurm irgendwo herumliegt.«

Mit dieser einigermaßen unattraktiven Vision im Kopf wandte ich mich wieder meinen Freundinnen zu und fragte sie, wie sie sich verhielten, wenn sie sich mit besagtem toten Wurm konfrontiert sahen.

Neulich schickte ich einer Freundin, die gerade etwas mit einem neuen Typen angefangen hatte und ihr erstes gemeinsames Wochenende mit ihm auf dem Land verbrachte, eine SMS: »Wie läuft's?«

Ein paar Minuten später vibrierte mein Handy: »Er ist wundervoll. Aber der Sex ist schrecklich.«

Oh nein. Sie mochte ihn wirklich, und wir Freundinnen hofften, dass es mit ihm endlich klappen würde, denn sie hatte seit einem Jahr keinen Freund mehr gehabt, und wir befürchteten so langsam, dass sie verbittert wirkte und mögliche Verehrer einfach abschreckte.

»Scheiße. Na ja, der Sex wird mit der Zeit meist immer besser«, antwortete ich ihr beruhigend – so hoffte ich zumindest. Sie schrieb fast augenblicklich zurück: »Er hat ein Problem mit Angstgefühlen und kriegt ihn nicht hoch.«

Ach du liebe Güte. Ich wusste nicht, was ich dazu noch sagen sollte. Als sie wieder zurück war, gingen wir miteinander aus und sprachen etwas intensiver darüber. Sie erklärte mir, dass alles andere an diesem Wochenende einfach herrlich gewesen sei, dass er einer der klügsten und nettesten Menschen sei, die sie je kennengelernt hatte, und dass sie sich sehr gut verstanden hätten. Aber im Schlafzimmer hatte er ernsthafte Probleme. Sie versuchte, mit ihm darüber zu reden, aber das machte alles nur noch peinlicher.

»Und was hast du gemacht?«, fragte ich.

»Wir haben uns getrennt«, antwortete sie.

»Oh nein!«, rief ich aus. »Ich dachte, gerade ihr beiden würdet es schaffen.«

»Ja, na ja, es stellte sich heraus, dass er emotional einfach zu bedürftig ist. Für so etwas bin ich nicht gemacht. Wenn er ihn nicht hart für mich kriegt, kann ich ziemlich hart sein«, erläuterte sie.

Die Wahrheit über das Vorspiel

Vorspiel, Vorspiel, Vorspiel. Die meisten Männer sind es wahrscheinlich gründlich leid, auf jene zehnminütige Phase verwiesen zu werden, in der sie selbstlos sein und ihre ganze Aufmerksamkeit der Frau schenken sollen, wo sie doch einfach nur geil sind und ihn jetzt sofort reinstecken wollen, zum Kuckuck. Zudem klingt der Begriff »Vorspiel« langsam abgedroschen und hippiemäßig. »Vergesst das Vorspiel nicht, Jungs!«, verkündet auch fast jeder Artikel in einschlägigen Männermagazinen, der sich mit dem Thema befasst, wie man eine Frau glücklich macht. Aber wissen Sie, warum schon so oft darüber geschrieben wurde? Weil es funktioniert! Vielleicht benötigen wir eine erotischere Bezeichnung dafür als Vorspiel, denn das klingt so ein bisschen nach Golf-Kauderwelsch. Nennen wir es doch Vorheizen.

Vorheizen muss nicht langweilig sein und auch nicht nerven. Es ist nicht notwendig, diesem Prozess jedes Mal viel Aufmerksamkeit und Zeit zu widmen. Wenn eine Frau nicht in der Stimmung zum Vorheizen ist und geradewegs ans Eingemachte gehen will, dann wird sie schon vorpreschen und es den Kerl wissen lassen, wahrscheinlich, indem sie sich auf seinen Penis setzt. Aber die Mehrheit der Frauen liebt das aufheizende Vorspiel in seinen zahlreichen Varianten, von denen keine den Mann nerven sollte. (Mit anderen Worten: das Aufwärmtraining geht nicht automatisch mit Oralsex einher.)

Ich fragte eine Reihe von Frauen, was deren Männer unternahmen, um sie total anzutörnen, bevor sie sie bumsten. »Meinen Busen berühren«, sagte Sally. »Ein Typ muss lediglich die Hand über meinen Pullover gleiten lasse, und ich werde feucht vor Vorfreude. Wenn er dann sogar unter mein Hemd oder meinen BH fast und sanft meine Brustwarzen reibt und zwickt, klebe ich schon überall, und sobald er daran leckt, hebe ich ab. Oder bin zumindest kurz davor.«

Abgesehen von der Klitoris, sind die Brüste die empfindlichste erogene Zone, und wenn man ihnen Aufmerksamkeit widmet, so stimmt das auch unseren restlichen Körper auf abwechslungsreichen und enthusiastischen Sex ein. Ein Mann muss sie nur wie etwas Besonderes behandeln und erkennen, wie empfindlich sie eben sind, was so viel heißt, dass er sie sanft, aber fest berühren sollte.

Die meisten von uns mögen es, wenn man unseren Brüsten Aufmerksamkeit schenkt, aber manche Frauen lassen sich auch unter der Gürtellinie gern berühren. Für die meisten Männer bedeutet das, sofort das Höschen herunterzuziehen und einen oder zwei Finger in sie hineinzustecken. Aber das meine ich nicht. Das fühlt sich nur gut an, wenn wir schon vernünftig angetörnt und feucht sind und jetzt darauf warten, dass jemand uns ausfüllt. Wenn der Mann hier zu schnell vorgeht, löst dies kein großartiges, sondern ein schlechtes Gefühl aus. Und der Kerl macht den Eindruck eines Amateurs.

»Ich mag es, wenn ein Mann mit meinem Höschenbund herumspielt, ohne mit seinen Händen allzu schnell nach unten zu wandern«, berichtete Jane, ein Mädchen aus meinem Bekanntenkreis, das ich nicht gerade als keusch beschreiben würde. Sie liebt Sex, und sie hat häufig welchen, egal, ob sie einen Freund hat oder nicht. »Ich kann es nicht ertragen, wenn ein Kerl glaubt, dass die beste Methode, um mich feucht zu machen, darin besteht, mir einen Finger reinzuschieben. Wenn ich irgendetwas da unten drin haben will, dann ziehe ich einen netten Schwanz doch einem mageren Zeigefinger bei Weitem vor!«

Viele Männer sind toll mit ihren Händen und Fingern und verschaffen Frauen damit einen Orgasmus, aber leicht ist es nicht. Die Gegend muss geschmeidig gehalten werden (weshalb Oralsex so toll ist – er macht sie feucht und stimuliert sie gleichzeitig), und – um die Wahrheit zu sagen – die meisten Frauen haben eine Bakterienphobie, und der Gedanke, dass irgendwelche Finger in ihnen herumfummeln, von denen sie wissen, dass sie vorher Frikadellen zum Abendbrot zubereitet haben, törnt sie nicht gerade an. Ein geflüstertes »Wasch dir erst mal die Finger, Schatz« ist auch keine wirklich erotische Bemerkung, die der Hitze des Augenblicks angemessen wäre, also lassen wir Euch Jungs manchmal einfach nur machen, auch wenn wir eigentlich pingelig und nervös sind wegen der möglichen Keime.

Wenn ein Kerl sich da unten mit dem Vorheizen befasst, sollte er sich niemals von seinen Lieblings-Mädchen-mit-Mädchen-Pornos inspirieren lassen und ihr einen Klaps auf die Vaginalzone geben. Ich weiß nicht, warum sie das in Pornofilmen tun. Ich kenne keine einzige Frau, die so etwas erregend findet. Es ist alles andere als das!

Eine andere Sache, die Frauen nach eigenen Angaben im Bett hassen, ist jede Art von trockenem Rubbeln. Irgendein Gleitmittel ist also die beste Option, und die meisten von uns haben immer etwas in greifbarer Nähe, aber das beraubt uns natürlich der Möglichkeit, irgendwann während der gleichen Sitzung Oralsex zu haben. Nie würden wir den armen Kerlen dieses eklig schmeckende Zeugs zumuten. Deshalb zögere ich meist, zum Fett zu greifen, es sei denn, ich bin mir sicher, dass der Kerl mich bestimmt nicht lecken wird. Eine gute Alternative zum Fett ist Spucke. Ich weiß, das klingt eklig, aber sie kostet nichts, ist reichlich vorhanden und immer greifbar. Das einzige Problem bei Spucke ist folgendes: Wenn sie trocknet, riecht sie meist wie ein Schuh mit Hundescheiße. Man benötigt also immer mehr Spucke, um die Gegend feucht zu halten, oder man nimmt die natürliche Feuchtigkeit der Frau, um alles geschmeidig zu halten. Nichts ist ekliger als eine geile Vorheizphase, in der man einen Hauch von Kacke riecht.

Eine Frau berichtete, dass ein Trockenfick sie total anmacht. Diesen Begriff habe ich seit der Highschool nicht mehr benutzt! Aber ich wusste, was sie meinte. Man drückt die Lenden aneinander und spürt sein Geschlecht durch die Hose hindurch. Das ist echt sexy, egal wie alt man ist.

»Wenn ich mit einem Kerl poppe, kann ich mit Klamotten auf ihm sitzen und mich gegen seinen Schritt reiben, und ich muss mich richtig zurückhalten, um nicht so schon zu kommen«, berichtete sie. »Die ganze Palette des Zungenkusses, er küsst meinen Hals, seine Hände liegen auf meinen Brüsten, dazu das Gefühl seines Ständers, der sich gegen mich presst – ich schwöre, das ist manchmal sogar noch besser als Sex. Denn wenn wir dann endlich mit dem Sex anfangen, ist er so sehr damit beschäftigt, ihn rein und raus zu schieben, dass er mich zu küssen vergisst. Und meine Titten ignoriert er vollkommen, ganz zu schweigen von meiner Möse, auf die kein wirklicher Druck ausgeübt wird. Ja, genau deshalb ziehe ich den Trockenfick einem Normalfick manchmal vor.«

Stellungen

Anscheinend existiert keine einhellige Meinung unter Frauen, welches die beste Stellung beim Sex ist. Die Präferenzen unterscheiden sich aus den verschiedensten Gründen. Doch sämtliche Frauen, mit denen ich mich unterhalten habe, sind sich einig, dass sie überhaupt nicht auf seltsame und neumodische Aktionen stehen, die unbequem sind oder angeblich eine besonders tiefe Stimulation ermöglichen. Sagen Sie Ihrem Partner also, dass er dieses dämliche Kamasutra vergessen soll – Frauen haben in der Regel nämlich einfach keine Lust, sich auf die Unterarme zu stützen und das umgekehrte Cowgirl zu markieren.

Frauen oben

Frauen sind auch im Leben gern oben, warum also nicht auch im Bett? Gut dreißig Prozent der Frauen, die ich über ihre bevorzugten Stellungen befragte, gaben an, dass sie am liebsten oben sind. Auf diese Weise könnten sie am besten kontrollieren, an welcher Stelle der Unterkörper des Mannes gegen ihre Klitoris drückt. Außerdem glauben sie, dass die meisten Männer ihnen gern zuschauen, wenn sie sich auf ihnen auf und ab bewegen, und wenn sie aus diesem Blickwinkel das geile Gesicht ihres Typen betrachten, dann macht sie das ebenfalls an.

»Ich bin gern oben, weil mein Freund mich dann immer ansieht und mir sagt, wie heiß ich aussehe«, sagte eine meiner Freundinnen. Sie meinte, das komme daher, dass sie währenddessen immer mit ihren Brüsten spielte, und das törne ihn eben an.

»Ich mag es, weil ich mich dann so setzen kann, dass ich mich gleichzeitig auch selbst berühren kann«, erzählte eine andere. »Ich komme wirklich nur von direkter Klitoris-Stimulation, entweder indem ich mich selbst anfasse, oder indem er es mir mit dem Mund besorgt. Mache ich es mir selbst, kann ich das Gefühl der Penetration genießen, während ich eigentlich masturbiere. Außerdem findet er es heiß, wenn ich mich selbst befriedige. Eine Win-win-Situation also.«

Ganz anders ist es bei einer anderen Freundin von mir, die berichtete, dass sie sich regelmäßig selbst befriedigt oder einen Vibrator benutzt habe, wenn sie auf ihrem damaligen Freund lag. »Ich fand es superheiß, und glaubte, dass er mich dabei für eine Sexgöttin hielt und all das, aber eigentlich war er stinksauer deswegen. Er wollte, dass ich nur kam, weil ich auf seinem Ständer ritt«, beschwerte sie sich. »Einmal fragte er mich: ›Brauchen wir das wirklich schon wieder?‹, als ich wie gewohnt an mir herumspielte. Ich antwortete, dass dies in der Tat notwendig sei. Diese Antwort trug nicht gerade dazu bei, unsere ohnehin eigentlich schon gescheiterte Beziehung zu retten.«

Die Freundin, die als Kind ihren Teddybär gebumst hatte, gab an, deshalb so gern oben zu sitzen, weil es sie an die guten alten Tagen mit ihrem Rufus erinnere – sie konnte ihre Scham an seinem Schritt reiben und auf diese Weise kommen. »Es dauert allerdings eine Weile, also muss ich dafür sorgen, dass er lang genug drin bleiben kann«, ergänzte sie. »Es ist total ärgerlich, wenn ich gerade dabei bin, zu kommen, und er kurz vor mir fertig ist.«

Vielleicht waren Sie überrascht, zu hören, dass nur dreißig Prozent oben als ihre Lieblingsposition angegeben haben. Jahrelang konnten wir lesen, dass sämtliche Frauen am liebsten oben sitzen. Alle Sexmagazine sagen das Gleiche. Aber die Frauen, mit denen ich mich unterhielt, mochten es zum Teil deshalb nicht, weil es zu anstrengend sei. Erwähnte ich bereits, was für faule Miststücke wir sein können?

»Meist bin ich viel zu faul, um mich oben hinzusetzen«, sagte eine meiner Freundinnen, die nicht nur im Bett, sondern auch im richtigen Leben alles andere als ein fleißiges Bienchen ist. Wenn möglich, schläft sie bis mittags, meidet Vollzeit-Jobs und Vollzeit-Beziehungen. Sie ist eine der wenigen Frauen in meinem Bekanntenkreis, die ihrem langjährigen Freund, der sie fragte, ob sie zusammenziehen sollten, antwortete, dass sie ihre Beziehung lieber darauf reduzieren würde, nur noch mit ihm zu schlafen.

»All die Energie, die beim Auf und Nieder und Dabei-sexy-Aussehen draufgeht – das macht mich ehrlich gesagt zu müde, um überhaupt zu kommen«, gab sie zu. Ich musste lachen. Manchmal ist es eben einfach besser, wenn man nicht erst trainieren muss, um zum Orgasmus zu gelangen. Was glauben Sie, warum sonst eine Orgasmusmaschine erfunden wurde, und warum faule Frauen sie so lieben?

Doch manche liegen einfach nur deshalb nicht gern oben, weil sie finden, dass sie aus diesem Blickwinkel furchtbar aussehen. »Ich krieg die Krise, wenn ich mir vorstelle, dass er meine Wampe und meine Hängebrüste sehen kann, die über ihm baumeln, während ich oben sitze«, sagte Sarah, eine siebenundzwanzigjährige Studentin. »Ich bin einfach zu verlegen, um die Sache wirklich genießen zu können. Solange das Licht aus ist, habe ich nichts dagegen, aber ansonsten liege ich lieber auf dem Rücken, sodass mein Bauch flach aussieht. Auch wenn ich dann die Ellenbogen eng anlegen muss, um meine Brüste daran zu hindern, zu sehr zur Seite zu fallen.«

Die arme, alte Missionarsstellung wird ihrem Namen nicht gerecht. Jeder hält sie für langweilig. Sogar der Name klingt wie etwas Unattraktives, das nur keusche Mormonen während ihrer peinlichen reproduktiven Jahre treiben. Wir verbinden keine Erregung damit, aber das ist nicht wahr. In Wirklichkeit ist sie einfach toll, und die meisten Frauen, mit denen ich sprach, wählten sie zu ihrer Lieblingsstellung. Teilweise deshalb, weil sie sich dabei nicht anstrengen müssen, aber auch, weil es eine der Positionen ist, in denen sie sich ihren Partnern am nächsten fühlen. Sie können sie tief im Innern spüren, ohne dass es ihnen – wie bei manch anderen Stellungen – Schmerzen bereitet (dazu später mehr).

»Ich finde die Missionarsstellung am besten, weil ich meine Arme um den Nacken meines Freundes schlingen und ihn dazu bringen kann, mich währenddessen und danach zu küssen. Außerdem finde ich es erregend, einen verschwitzten Typen oben drauf zu haben. Ich liebe es besonders, sein Gesicht zu beobachten und genau zu wissen, wann er kommt«, gestand Sarah. »So kann ich entscheiden, ob ich will, dass er weitermacht und sich zum Höhepunkt bringt, oder ob ich möchte, dass er es langsam angeht und mich aufholen lässt.« Das fand ich faszinierend. Sie sagte, dass sie ihren Freund häufig loslegen ließ, sodass er kam, auch wenn sie gar nicht die Absicht hatte, ebenfalls zum Höhepunkt zu gelangen. Ich hatte den Verdacht, dass viele Frauen sich so verhielten, auch wenn viele von ihnen behaupteten, jedes Mal einen Orgasmus zu haben.

»Also du kommst nicht jedes Mal?«, fragte ich sie.

»Guter Gott, nein! Du etwa?«

Ich schüttelte den Kopf. Natürlich nicht immer, besonders nicht bei Quickies, die wahrscheinlich vornehmlich für Männer erfunden wurden. Frauen lassen sich gern Zeit – beim Duschen, beim Einkaufen –, und Orgasmen sind da keine Ausnahme.

»Ich würde sagen, dass ich tatsächlich sogar nur in fünfzig Prozent aller Fälle komme, wenn wir miteinander schlafen«, fuhr Sarah fort. »Das ist aber gar nicht schlimm und bedeutet auch nicht, dass er schlecht im Bett ist oder so etwas. Er ist großartig. Ich brauche einfach nur etwas Zeit dafür, und manchmal ist es mir egal, ob ich komme oder nicht. Manchmal will ich eben einfach nur schlafen, oder ich bin in Spendierlaune und will, dass er kommt und glücklich ist. Trotzdem ist es immer schön. Ich glaube, das können Männer nicht verstehen. Wir finden es gut, auch wenn wir keinen Orgasmus haben. Aber für sie funktioniert das so einfach nicht.«

Ich nickte. Manchmal bin ich tierisch scharf auf einen hübschen, soliden Orgasmus und einen noch hübscheren Tiefschlaf hinterher. Aber manchmal will ich nur, dass mein Partner etwas davon hat und mir danach einen Gutenachtkuss gibt. Das ist dann keineswegs seinem mangelnden Talent zuzuschreiben. Ich bin nicht der Typ, der einen Orgasmus vortäuscht (zumindest nicht seit dieser einen Beziehung, in der ich es fast zwei Jahre lang tun musste, nachdem ich einmal damit begonnen hatte). Ich mache eben einfach keine große Sache draus. Und er auch nicht. Kompliziert wird es erst, wenn der Kerl ständig fragt: »Bist du gekommen? Warum nicht? Habe ich etwas falsch gemacht? Ich kann gar nicht verstehen, warum du nicht gekommen bist. Los, wir machen es nochmal, damit ich es diesmal schaffe.« Das ist quasi eine Aufforderung, einen Orgasmus vorzutäuschen. Doch ich schweife ab. Ich sprach gerade über die solide und wunderbare Missionarsstellung. Letztlich ist sie der absolute und todsichere Gewinner – besonders wenn man ein paar Varianten hinzufügt.

»Ich schiebe mir gern ein Kissen unter den Hintern, wenn wir es in Missionarsstellung treiben«, erklärte Jackie, eine dreißigjährige Lektorin. »Ich habe das vor Jahren mal in der *Cosmo* oder so gelesen, und es funktioniert tatsächlich. Für mich fühlt sich alles anders und besser an«, fügte sie hinzu. »Er dringt tiefer ein. Wenn du das nicht brauchst, dann kannst du es auch lassen, aber ich glaube, ich habe eine ziemlich lange Vagina oder so. Ich stehe darauf, wenn er tiefer eindringt.«

Eine andere Frau bevorzugte die Missionarsstellung deshalb, weil man jedes Mal eine andere Wirkung erzielen kann, je nachdem, wie man die Beine positioniert. »Manchmal liegen die Beine auf seinen Schultern, manchmal lege ich sie an die Seite. Manchmal ist ein Bein oben, während ich das andere um seinen Hals schlinge. Es ist nie langweilig«, berichtete sie mir. »Außerdem ist es so leichter für ihn, meine Titten in den Mund zu nehmen, was eine wichtige Voraussetzung ist, damit ich in Gang komme.«

Eine andere Frau sagte mir, dass sie einen ganz anderen Grund hatte, warum sie ihren Partner oben haben wollte.

»Ich kann leicht die Arme um ihn legen und seinen Hintern streicheln oder seine Eier in die Hand nehmen. Das ist meine Geheimwaffe, besonders, wenn ich denke, dass ich genug habe, oder der Orgasmus schon hinter mir liegt. Ein oder zwei Streichler da unten, und er ist fix und fertig.« Ich wusste, wovon sie sprach. Es gibt keinen Mann auf der ganzen Welt, der es nicht liebt, wenn man beim Sex seine Hoden bearbeitet.

Die Hündchenstellung

Wenn ich will, dass wir uns in dieser Stellung lieben, sage ich niemals und unter keinen Umständen: »Sollen wir es in der Hündchenstellung treiben?« Ich sage immer: »Mach es mir von hinten«, oder etwas Ähnliches. Der Begriff Hündchenstellung widert mich an. Vielleicht habe ich zu viele eklige, kleine Hundeständer in meinem Leben gesehen. Damit will ich nicht sagen, dass die Position selbst – zumindest wenn man es richtig macht – nicht toll ist. Doch vielen Frauen ist sie zu tief und tut ihnen einfach nur weh.

»Der einzige Grund, warum die Hündchenstellung überhaupt erträglich ist, ist der, dass die Kerle davon richtig schnell kommen, deshalb müssen wir nicht zu lange leiden«, sagte eine meiner zynischsten Freundinnen. »Das tut mir an den Eierstöcken weh – oder wo auch immer! Ich ertrage es nicht länger als ein paar Minuten. Es geht einfach *zu* tief.« Eine andere Freundin meinte dazu: »Es gibt bestimmt keine einzige Frau auf der Welt, die diese Art des

Poppens länger als zehn Minuten aushält. Man ist hinterher überall wund, innen und außen. Ich habe danach das Gefühl, dass sein Penis mir vorn am Bauch wieder rauskommt. Das ist alles andere als scharf!«

Eine meiner Freundinnen war jedoch anderer Ansicht. Sie behauptete, dass sie sich in dieser Position ungeheuer sexy fühle und sich vorkäme wie in einem Porno. »Ich weiß, mein Arsch sieht aus diesem Blickwinkel gut aus, und es hat etwas Animalisches und Fantastisches, wenn er ihn in beide Hände nimmt, wenn wir Sex haben«, sagte sie. »Außerdem habe ich dann die Hände frei, um an mir herumzumachen, entweder mit den Fingern oder mit dem Vibrator, sodass ich gleichzeitig mit ihm kommen kann. Von der Penetration allein habe ich nichts, und ich glaube sowieso nicht, dass diese Position dafür wirklich geeignet ist, weil die Klitoris nicht stimuliert wird.«

Über eines sind sich aber alle Frauen einig: Der Name für diese Stellung ist dumm. »Ich beantrage eine Veränderung des Fachterminus!«, forderte neulich eine meiner Freundinnen. »Ich besitze selbst eine Hündin, und ich sehe, wie sie mit ihren Spielsachen und meinen Kissen bumst, und es ekelt mich an. Daran möchte ich nicht unbedingt erinnert werden, wenn ich versuche, einen Orgasmus zu bekommen.« Wuff.

Ich kenne keine einzige Frau, die die sogenannte Löffelstellung mag. »Wie soll er denn überhaupt hineinkommen und ihn drin behalten?«, fragte eine Frau. »Jedes Mal, wenn man eine gleitende Auf-und-ab-Bewegung macht, flutscht er raus und man muss versuchen, ihn wieder reinzuwurschteln. Außerdem kann man sich nicht ansehen, küssen ist also unmöglich. Diese Stellung ist einfach nur nervig.«

Ich habe unzählige Artikel in Männermagazinen gelesen, die die Wunder dieser Position in den höchsten Tönen loben und behaupten, dass Frauen derlei Penetration lieben – aber das ist alles Scheiße. Niemand hat etwas dafür übrig. Ernsthaft, wenn ich mir eine Hitliste von zehn möglichen Stellungen machen würde, wäre diese diejenige, die ganz unten stünde. Die Löffelstellung ist etwas für danach oder für ganz früh morgens, wenn der Kerl einen Ständer hat, der einem in den Rücken piekst, und er so geil ist, dass er ihn hineinsteckt. »Mir gefällt es sogar, wenn mein Freund das von Zeit zu Zeit tut«, sagte eine Freundin. »Dann fühle ich mich sexy, und er kann seine Morgenlatte auf der Stelle befriedigen. Aber wenn wir ins Bett gehen und es miteinander treiben wollen, dann rolle ich mich ganz sicher niemals auf die Seite und lade ihn zur Löffelstellung ein. Und er würde mich wahrscheinlich auch fragen: ›Was zur Hölle soll das jetzt? Willst du etwa schlafen?‹«

Neunundsechzig

Über die Neunundsechzig haben wir als pubertierende Schüler sehr gelacht, und in der Highschool haben wir es ausprobiert, aber heute machen wir es selten regelmäßig, obwohl es wirklich schön sein kann. Warum stehen die meisten Frauen nicht darauf? Wieder lautet die Antwort: zu viel Arbeit! Manche Frauen finden es schwierig, sich darauf zu konzentrieren, wie schön es ist, während sie gleichzeitig dem Kerl anständig einen blasen.

»Ich genieße es meist als sexy Vorspiel, aber einen Orgasmus kriege ich davon nicht«, sagte eine Frau. »Wenn es gerade so richtig schön wird, dann muss ich mit dem aufhören, was ich für ihn tue. Ich muss mich hinlegen und mich einfach nur hingeben«, fügte sie hinzu. »Und dann habe ich ein schlechtes Gewissen, weil ich seinen Schwanz vernachlässigt habe.« »Ist mir alles zu krampfig«, widersprach ein anderes Mädel. »Ich kriege tierische Nackenschmerzen, wenn ich meinen Kopf so hochhalten muss, während ich nach vorn gebeugt bin. Obwohl meine Pin-Nummer immer noch 6969 lautet, seit ich sie im zarten Alter von achtzehn gewählt hatte und diese Nummer als die witzigste der Welt galt.« »Neunundsechzig, Hoschi!«, sagte eine andere und krümmte sich vor Lachen. Nicht zum ersten Mal erkannte ich, dass meine Freundinnen wirklich unreif waren, besonders da sie sich auf die Fernsehserie *Bill & Teds verrückte Reise durch die Zeit* aus den Achtzigern bezogen, in der Jungs mit »Hoschi« angesprochen wurden. Immerhin waren sie schon Anfang dreißig.

Dirty Talk ist eine der besten Methoden, um die Sache im Bett selbst mit den abgeklärtesten Mädchen noch besser in Gang zu bringen. Sämtliche Frauen, mit denen ich mich unterhalten habe, lieben es, sich im Bett mit schweinischen Wörtern anzutörnen. Trotzdem ist diese Praktik nicht ganz unproblematisch. Manchmal macht sie uns wirklich verlegen, besonders, wenn wir nicht sicher sind, wie unser Sexualpartner darauf reagiert. Und natürlich muss auch ein Kerl supervorsichtig sein mit dem, was er einem Mädchen sagt, wenn sie nackt und verletzlich im Bett neben ihm liegt.

»Du machst mich so hart«, passt bei den meisten Frauen. »Ich stelle mir gerade vor, zwischen dir und Lisa zu liegen – wie scharf wäre das?« passt nie. Sämtliche Frauen haben schon erlebt, dass der Dirty Talk schiefging, und meistens war der Mann schuld. Aber auch Frauen können manchmal Dinge von sich geben, die Männer nicht hören wollen.

»Ich benutzte Dirty Talk bei meinem Freund, und eines Abends hatten wir die üblichen Sachen schon gesagt und waren so richtig schmutzig geworden. Dann sprachen wir darüber, dass wir einen Flotten Dreier und Gruppensex haben wollten oder in einen Sexclub gehen und einander dabei beobachten wollten, wie wir es mit Fremden trieben. Wirklich schmutzig!«, berichtete meine Freundin. »Im Eifer des Gefechts, und ehrlich gesagt dachte ich auch wirklich daran, äußerte ich dann die Fantasie, dass er von einer Frau von hinten mit einem Strap-on, also einem Dildo zum Umschnallen, genommen wurde, während er Sex mit mir hatte. Ich fand das scharf. Er anscheinend nicht – er hielt mittendrin inne, kletterte von mir herunter und verkroch sich eine Stunde lang im Gästezimmer.« Sie hatte keine Ahnung, was los war, und als er schließlich wieder herauskam, erklärte er, nur weil er sich gern Gruppensex vorstelle, sei er noch lange nicht schwul. »Jedenfalls war die ganze Sache furchtbar, und wir schliefen tagelang überhaupt nicht mehr miteinander. Wir praktizierten auch nie wieder Dirty Talk.«

Eine andere gute Freundin berichtete, dass sie die Gefühle ihres Freundes verletzt hatte, indem sie über einen riesigen Schwanz sprach, als sie es miteinander trieben: »Wir flüsterten einander schmutzige Dinge zu, und ich sagte ihm, wie gut es sich anfühlen würde, gleichzeitig noch einen anderen riesigen, harten Schwanz in mir zu spüren. Plötzlich fing er an zu winseln und hörte auf. Als ich ihn fragte, was los sei, antwortete er, wie ätzend es sei, dass er mich nicht befriedigen könne, weil sein Pimmel zu klein sei. Du liebe Güte!«

»Was? Er war zu klein?«, fragte ich unwillkürlich nach.

»Nein, er war prima. Ich stellte mir nur wirklich vor, dass ich zwei Kerle in mir hätte. Aber das sag ich bestimmt nie wieder zu einem Mann.«

Mein Lieblingsbeispiel für einen missglückten Dirty Talk stammt von einer Freundin. Sie ist wirklich eine perverse Tusse, die Heldin heimlicher Männerträume, denn sie ist für alles zu haben, was mit Sex zu tun hat (sie behauptet sogar, es von hinten ebenfalls zu genießen). Sie ist sofort dabei, wenn jemand sexuelle Fantasien in die Tat umsetzen will, ob es dabei nun um Handschellen oder um Gesichtsbesamung geht. Eines Abends ging sie mit einem neuen Kerl aus. Der Dirty Talk wurde immer heißer, und sie machte eine Äußerung, an der sie und ihr Ex immer großes Vergnügen gehabt hatten.

»Sag mir, dass ich eine Nutte bin, deine dreckige kleine Hure«, verlangte sie, während sie sich über ihm auf und nieder bewegte. Verblüfft hielt er mittendrin inne und rollte sich zusammen. »Ich kann nicht glauben, dass du dich so von einem Mann behandeln lässt«, sagte er erschrocken und verstört. Plötzlich fühlte sie sich tatsächlich wie die dreckige Hure, als die er sie hatte bezeichnen sollen. Sie sah zu, wie er sich anzog.

»Ich glaube, du hast ein paar ernsthafte Probleme, die das Verhältnis zu deinem Vater betreffen und dein Verhältnis zu Männern beeinflussen«, erläuterte er. »Tut mir leid, aber ich glaube, es ist nicht gesund für dich, solche Dinge zu sagen. Ich glaube, ich möchte nicht bleiben.« Dann ging er.

»Kontrastprogramm! Das war nämlich genau eine Woche, nachdem mich zwei Kerle gleichzeitig von hinten gevögelt hatten«, berichtete sie mir. »Man weiß also nie, was man im Bett so zu fassen kriegt. Ich fand es süß, wie sensibel er war, aber ich habe kein Vaterproblem. Es macht mich einfach nur scharf, irgendwelche Rollen zu spielen, richtig eklig zu werden oder absolut abartige Dinge zu sagen. Oder vielleicht hab ich ja doch ein Vaterproblem. Und wenn schon, großartig!«

Kleine Pflichtlektüre für den Mann an Ihrer Seite: Was man im Bett nie sagen sollte

Mitten im schönsten Herumtoben sagte mir mein damaliger Freund eines Tages, wie sehr er sich wünsche, dabei zuzusehen, wie ein anderer Kerl es mit mir trieb. Ich war absolut verblüfft – war es nicht so, dass den meisten Männern die Vorstellung zuwider war, dass ihre Freundin Sex mit anderen Männern hatte und sie betrog? Bedeutete diese Fantasie, dass er mich nicht liebte oder nicht respektierte? Ich fühlte mich beschmutzt, war traurig und ziemlich aufgebracht. Am nächsten Tag sah ich im Internet nach, was eine solche Fantasie zu bedeuten hatte. Manche Analytiker behaupteten, dass ein Mann, der derlei Dinge von sich gab, nur Angst hätte, Hörner aufgesetzt zu bekommen, und sich sogar davor fürchtete, dass seine Freundin Sex mit einem anderen hätte. Andere Analytiker behaupteten, dass ein Mann mit derlei Fantasien unter Umständen schwul sei. Ich beschloss, mich an die erste Variante zu halten. So kam ich darüber hinweg und fand sogar Gefallen an der Vorstellung, zumindest als Teil unseres Dirty Talk. Aber Männer müssen wissen, dass manche Äußerungen im Bett einfach untragbar sind:

1. *Schwester, Bruder, Mutter.* Alles, was andere Familienmitglieder betrifft, ist tabu, um nicht zu sa-

gen inzestuös und absolut ekelhaft. Behaltet es für Euch.

2. *Beste Freundinnen oder Mitbewohnerinnen.* Keine Frau möchte, dass Ihr die sexy beste Freundin im Bett erwähnt. Ihr riskiert nicht nur Tränen und Verärgerung, sondern auch, dass die Freundschaft auseinanderbricht. Und das könnt Ihr nun wirklich nicht brauchen, besonders dann nicht, wenn Ihr die beste Freundin weiterhin treffen und sie in Eure Sexfantasien einbauen wollt.
3. *Ein anderer Kerl.* Viele Frauen fragen sich eigenen Angaben zufolge, ob ihre Freunde oder Ehemänner insgeheim schwul sind. Schürt also bloß nicht das Feuer, indem ihr einen anderen Mann in den Dirty Talk einführt. Wenn er ausschließlich die Frau befriedigt, kann das ja noch gut gehen, aber wenn Ihr Jungs mit freudiger Verzückung seinen Ständer beschreibt, gehen wir Frauen garantiert auf die Toilette und weinen – und wissen, dass wir mit unserer Befürchtung über Eure homosexuellen Neigungen recht hatten!
4. *Tiere.* Fiffi muss draußen bleiben, auch wenn Ihr vielleicht an so etwas denkt und findet, dass es nett wäre, wenn er Euch die Eier leckt. Aber Sex mit Tieren ist illegal, Du Bauer.
5. *Kacke.* Keine Frau mag Kot beim Sex. Die Perversen, die von Naturkaviar und anderen Fäkal-Va-

rianten abgehen, sind immer Männer. Habt Ihr je von einer Frau gehört, die es genießt, den Kackhaufen eines anderen auf der Brust zu haben? Nein, denn so eine Frau gibt es nicht. Also lasst die Kacke – oder das Pipi – wo es ist. Natursekt-Duschen sind abartig und eklig.

6. *Vergewaltigung.* Darüber habe ich eine Kolumne in der *Maxim* geschrieben. Ein Psychotherapeut berichtete mir, dass viele Frauen sich zwar vorstellen, vergewaltigt zu werden, aber sie denken niemals an eine echte Vergewaltigung – es geht darum, sich zu unterwerfen. Im wirklichen Leben ist Vergewaltigung furchtbar und Angst einflößend. Im Vordergrund steht die Demonstration der Macht, nicht der Sex. Also bringt diesen Begriff niemals im Bett oder bei Rollenspielen zur Sprache.
7. *Prominente.* Ist mir egal, ob ihr auf Jennifer Aniston oder Angelina Jolie steht – lasst die Weiber, deren Schönheit und Körper für uns Normalsterbliche unerreichbar sind, einfach aus dem Schlafzimmer raus.
8. *Blut, Verstümmelung und so weiter.* Ja, es gibt viele Frauen und Männer, die für derlei Dinge etwas übrig haben, aber irgendetwas sagt mir, dass die nicht zu diesem Buch hier greifen. Die normale Frau flippt aus vor Angst, wenn ein Kerl zu

ihr sagt: »Ich will dich schneiden und dir das Blut von den Titten lecken.« Heiliger Mörder! Verpiss Dich, oder wir holen die Bullen!

9. *»Ich will, dass du mein Kind kriegst.«* Okay, das kommt darauf an. Manche Frauen wollen schwanger werden und halten das vielleicht für süß. Aber einmal sagte ein Kerl das mitten im Koitus zu mir, und ich ängstigte mich zu Tode. Hauptsächlich deshalb, weil wir gerade erst angefangen hatten, miteinander zu schlafen. Ich entwand mich ihm so schnell, dass er ihn kein einziges Mal mehr hineinstecken konnte. Männer, es ist nicht heiß, über Empfängnis zu reden, wenn wir null Bock auf ein Kind haben – weder mit Euch, noch mit sonst irgendjemandem. Ihr solltet nie davon ausgehen, dass jede Frau Kinder für niedlich und erstrebenswert hält.

10. *»Du bist eine dreckige Hure.«* Mit Ausnahme meiner perversen Freundin, die gern als Nutte bezeichnet wurde, ist der Begriff »Hure« für die meisten Frauen zu negativ belastet. In der Schule mussten wir ertragen, dass andere Miststücke uns so nannten. Unsere Mütter warnten uns davor, jemals Nutten zu werden. Und die Kirche flößte uns Angst ein mit Geschichten von Dirnen, die am Galgen landeten. Also nennt eine Frau im Bett niemals Nutte oder Hure, es sei denn, sie schlägt

es selbst vor. Auch das F-Wort, *Fotze*, ist für ein Mädchen inakzeptabel, sowohl im Bett, als auch außerhalb – und zwar generell. Ein Kerl nannte mich einmal so, als wir in einer Bar miteinander stritten. Ich goss ihm mein Bier in den Schoß und warf ihm das Glas an den Kopf. Hinterher versöhnten wir uns zwar wieder, aber er hatte gelernt, mich nie wieder mit dem F-Wort zu konfrontieren.

9

Wenn schmutzige Mädchen sich verlieben – und wieder entlieben

Wenn es ums Ver- und Entlieben geht, sind Frauen und Männer einander anscheinend sehr ähnlich. Es ist einfach falsch anzunehmen, dass alle Frauen sich nach jemandem sehnen, der sie liebt, und dass Männer alles geben, um nicht in einer Beziehung zu landen. Absoluter Blödsinn.

Manche Männer und Frauen sind liebessüchtig. Es fällt ihnen leicht, neue Menschen kennenzulernen und sich sofort zu verlieben und dann Beziehung um Beziehung zu führen (wir alle kennen doch Leute, die das Single-Dasein nicht ertragen). Diese Menschen neigen dazu, sich zu vernachlässigen, sobald sie allein sind. Sie hassen die Einsamkeit. Sie sind süchtig nach dem euphorischen Gefühl des Frisch-Verliebtseins. Das ist für sie besser als Crack.

Und dann gibt es diejenigen, die der ganzen Sache zynisch gegenüberstehen. Sie sind oft wählerisch und haben an jedem, etwas auszusetzen. Sie wünschen sich durchaus einen Partner, den sie mögen (oder zumindest tolerieren können), aber das ist nicht leicht, denn keiner kann ihren unglaublich hohen Erwartungen gerecht werden.

Ich kenne eine Frau, die Männer liebt und gern feiert, aber sie hat ein Problem – sie entwickelt meist sehr schnell intensive Gefühle für bestimmte Männer. Schon nach dem zweiten Date hat sie sämtlichen Freundinnen alles erzählt, was sie über den Betreffenden weiß, und sagt Dinge wie: »Ich glaube wirklich, das ist der Richtige. Er ist so süß und so witzig, und er ist groß. Wir hätten wirklich süße Babys, denn ich bin ja relativ klein, da würden wir uns also gut ergänzen.« Ich möchte ihr immer gern sagen, dass sie etwas übereifrig ist (OKAY, jetzt spiel ich den Psycho!) und dass sie vorsichtiger sein soll, aber meist drücke ich es taktvoller aus: »Nun mal langsam! Du willst doch nichts überstürzen!« Aber sie *liebt* es, Dinge zu überstürzen. Und wenn etwas hell und schnell brennt, dann ist es unweigerlich eben auch schnell *ver*brannt. Ganz zu schweigen davon, dass sie die Männer wahrscheinlich zu Tode erschreckt, weil sie so ein eifriges Mäuschen ist.

»Er hat sich als totales Arschloch entpuppt!«, schimpfte sie, als es letztens wieder passierte, weinte in ihr Glas und rauchte wie eine Wilde.

»Was hat er getan?«, wollte ich wissen.

»Ich fragte ihn, ob er vorbeikommen und mit mir einen Film gucken wolle, aber er behauptete, zum Abendessen mit Freunden verabredet zu sein. Hinterher würde er mir aber eine SMS schicken. Die kam aber nie, obwohl *ich* ihm durchaus eine sandte. Und schließlich schickte er mir am nächsten Tag eine E-Mail, dass er am Wochenende aufs

Land fahren und sich melden würde, sobald er wieder zurück sei. Ich fragte nach, was er dort vorhätte und er gab an, nur ein paar Freunde besuchen zu wollen. Da sah ich auf Facebook nach und entdeckte dieses Mädchen, das ihm häufig schreibt. Sie wohnt auf dem Land. Jetzt weiß ich, dass er sie besucht und mich anlügt und deshalb keine SMS schreibt. Was für ein Arschloch!«

»Und wie lange wart ihr jetzt zusammen?«, fragte ich.

»Wir haben uns letzte Woche dreimal getroffen und waren an zwei Abenden nacheinander aus«, schniefte sie. »Ich dachte, dass er es wirklich ernst meint.«

Ich versuche Frauen wie ihr immer zu sagen, dass sie nicht dauernd so aufgeregt sein sollen, wenn sie einen neuen Typen kennenlernen. Das sage ich aus Erfahrung, und nicht weil ich ein Beziehungs-Guru bin. Einmal lernte ich einen Mann im Flugzeug kennen, den ich für eine tolle Partie hielt – und für einen tollen Typ. Ich war damals noch auf dem College und kehrte gerade von einem Besuch bei meiner Schwester in New York zurück. Dieser große, süße Kerl saß neben mir, und sofort lächelten wir einander an und begannen, uns zu unterhalten. Wir quatschten den ganzen Flug über, tranken und lachten und verbrachten ein paar tolle Stunden. Er erzählte mir, dass er einen Nachtclub in Boston eröffnen wolle und dass er aus einer wohlhabenden Familie in Neuengland stamme. Außerdem berichtete er mir von einem fabelhaften Restaurant in San Francisco, das ich dringend einmal ausprobieren müsse, und von dieser tollen Show in dem kleinen Theater, die mir bestimmt gefallen würde. Als wir landeten, war ich ernsthaft in ihn verknallt. Ich gab ihm meine Telefonnummer, und er rief mich gleich am nächsten Abend an und lud mich zu besagter Show und zum Abendessen ein. Ich war vollkommen aus dem Häuschen. Bis zu diesem Zeitpunkt waren die Typen, mit denen ich mich auf dem College getroffen hatte, ein Heroin-Junkie, der behauptete, clean zu sein, es aber offensichtlich nicht war, ein Kerl, den ich im Coffee Shop kennengelernt hatte, und der sich den Rücken rasierte, und ein Typ, der sich als schwul entpuppte. Keine wirklich beeindruckende Liste. Ich war so aufgeregt, dass ich sogar meinen Eltern von ihm erzählte, und sie wiederum ließen sich davon so anstecken, dass meine Mutter doch tatsächlich sagte: »Na ja, dann grüß ihn mal von uns.« Ist das nicht eine heiße Eröffnung für ein erstes Date?

Unsere erste Verabredung verlief ganz gut, aber irgendetwas fehlte. Ich wusste nur nicht genau, was. Vielleicht lag es daran, dass er mir erzählte, er arbeite bei der Einzelhandelskette Nordstrom als Manager in der Männerabteilung und versuche dort Praxis als Geschäftsführer zu bekommen, weil er mit Freunden einen Nachtclub eröffnen wolle. Aber er führte mich aus, bezahlte für alles, und im Großen und Ganzen hatten wir einen netten Abend. Wir vögelten sogar miteinander. Also berichtete ich sämtlichen Freundinnen von ihm und erklärte, dass ich glaubte, einen wirklich besonderen und großartigen Mann kennengelernt zu haben.

Bei unserem nächsten Date wollten wir uns den Film *Tiger and Dragon* ansehen. Als ich am Kino ankam, hatte er eine Tüte von Burger King in der Hand.

»Tut mir leid, ich bin am Verhungern«, sagte er und verschlang zwei Whopper. Ich wartete, bis er sie aufgefuttert hatte. Dann erwähnte ich, dass ich geglaubt hätte, wir würden hinterher irgendwo essen gehen, aber er behauptete, pleite zu sein. Während des Films legte er die Füße auf den Sitz vor uns, spreizte die Beine wie Adlerschwingen und furzte – laut und beständig. Schließlich bat ich ihn sogar, mit der Furzerei aufzuhören, weil es so stank, und er lachte sich kaputt. Das war ja abartig! Dieser perfekte Mann entpuppte sich als Nervensäge! Ich beschloss, ihm noch eine Chance zu geben, und unser drittes und letztes Date erfolgte in einer Bar. Er hatte eine elegante, kleine Martinibar ausgesucht, weshalb ich ganz aufgeregt war. Ich hatte mir ein sexy Kleid angezogen und wartete an der Bar auf ihn, während ich an meinem Martini nippte. Dann trank ich noch einen. Er kam mehr als eine halbe Stunde zu spät. Ich fühlte mich wie ein Loser, obwohl der Barkeeper nett zu mir war und sich mit mir unterhielt. Gerade wollte ich mich davonmachen, als er hereingepoltert kam und einen doppelten Martini bestellte, den ich bezahlte. Er schien angetrunken zu sein. Als ich fragte, wo er gewesen sei, antwortete er nur, nirgends. Dann fragte er mich, ob ich etwas Cooles sehen wolle. Er packte meine Hand, zog mich nach draußen und ließ die Hose runter. Er trug einen kastanienbraunen Slip.

»Hab ich nicht sexy Unterwäsche?«, fragte er mit der Hose auf den Knöcheln mitten auf der Straße stehend. Ich sah ihn nie wieder. Oh, warten Sie, stimmt gar nicht. Ich sah ihn noch einmal in der Schuhabteilung bei Nordstrom, wo er wahrscheinlich als Schuhverkäufer arbeitete. Und Jahre später kam er in ein Restaurant, in dem ich als Kellnerin bediente, erinnerte sich an mich und versuchte wie ein Wilder, mich anzubaggern. Er verkaufte immer noch Schuhe und forderte mich auf, doch mal vorbeizukommen. Ich könne ihn jederzeit im Nordstrom-Kaufhaus treffen.

Die Moral von der Geschichte: Fixieren Sie sich nicht schon nach zwei Dates auf einen Typen. Und gehen Sie niemals mit einem Mann auf Reisen, den Sie gerade erst kennengelernt haben. Eine Freundin von mir lernte einst einen Typen kennen und hatte eine Woche lang eine stürmische Affäre mit ihm. Dann beschloss sie, am darauffolgenden Wochenende einen romantischen Strandurlaub mit ihm zu machen. Es war eine Katastrophe. Mit jemandem in einer peinlichen Situation im Restaurant oder einer Bar festzusitzen, ist eine Sache – mit ihm auf Barbados zu sein, wo er einen zwingt, sonntags früh aufzustehen, um in die Kirche zu gehen, eine ganz andere.

In der Realität gibt es unzählige Männer in freier Wildbahn, die in der Liebe und bei Dates viel zu schnell aus dem Häuschen geraten, wenn sie eine neue Frau treffen. Solche Männer schrecken Frauen eher ab, anstatt sie ebenfalls in Aufregung zu versetzen. Eine Freundin von mir lernte kürzlich einen Mann kennen, den sie wirklich sympathisch fand. Die Sache lief anfangs wie am Schnürchen, außer dass er schon am ersten Tag E-Mails schrieb wie: »Ich kann kaum glauben, dass eine Frau wie Du noch allein ist! Du bist die vollkommene Frau! Was habe ich doch für ein Glück, Dich kennengelernt zu haben?« Am Anfang fand sie das noch süß. Ich hielt es eher für etwas unheimlich und wunderte mich, was nicht mit ihm stimmte. »Wirklich, was ist los mit dir?«, fragte er sie bei ihrem zweiten Date. »Ich habe noch nie jemanden wie dich getroffen und habe mich noch nie so schnell in eine Frau verliebt. Ich hätte Lust, dich zu heiraten!« Da begann auch sie, die Dinge aus meiner Perspektive zu betrachten. Als er sie bei der dritten Verabredung nur noch Liebling nannte und bereits Babynamen für ihr zukünftiges Kind ausgewählt hatte, hielt sie es nicht mehr aus. Sie gab vor, immer noch etwas für ihren Ex-Freund zu empfinden, und behauptete, dass sie wahrscheinlich wieder mit ihm zusammenkommen würde. Der Typ war am Boden zerstört, und sie fühlte sich furchtbar. Doch dann begann er, sie auf Facebook zu stalken und wütende Texte darüber zu verfassen, was für ein schwaches Bild es doch von ihr abgebe, dass sie ihn von ihrem Facebook-Profil gesperrt hatte.

»Heute könnte ich buchstäblich kotzen, wenn ich daran denke, dass ich Sex mit ihm hatte und glaubte, dass daraus etwas Tolles werden könnte«, bekennt sie.

Manchmal ist es schwer, die eigene Begeisterung zu zügeln, wenn wir uns mit einer neuen Bekanntschaft verabreden, die wir wirklich mögen und die unsere Sympathie erwidert. Aber die Dinge sind nun einmal nicht immer so, wie sie scheinen. Einst führte ich in einer Bar den ganzen Abend lang eine tolle Unterhaltung mit einem Kerl, den ich draußen sogar küsste, als er mich zum Taxi begleitete. In der darauffolgenden Woche traf ich mich mit ihm zum Mittagessen. Wir hatten viel Spaß miteinander, bis er erwähnte, dass er die Großmutter seiner Frau am Wochenende ins Altersheim bringen würde. »Du bist verheiratet?«, fragte ich einigermaßen schockiert. Ich weiß nicht, warum ich nicht daran gedacht hatte, einen Blick auf seine Hand zu werfen, um nachzusehen, ob er einen Ring trug. Ich bemerkte ihn erst in diesem Augenblick. »Ja«, antwortete er. »Ist das okay für dich?«

Die ewige Freundin: Frauen, die immer einen Freund haben, sind für gewöhnlich die heißesten Bräute

Jetzt oute ich mich vollkommen: Ich *liebe* es, einen Freund zu haben. Ich hatte immer einen Freund, seitdem ich im letzten Highschool-Jahr auf den Geschmack gekommen bin. Ich verknallte mich Hals über Kopf in einen langhaarigen, kiffenden Jazzmusiker, der einen silbernen Saab 900 fuhr und stets ein Tütchen Gras dabeihatte. Nach der Schule verbrachten wir jede freie Minute miteinander, knutschten, rauchten Zigaretten und hörten die Beastie Boys, während wir durch die Gegend fuhren, danach bumsten wir in seinem Bett. Ich war so glücklich (wenn ich bei ihm war) und so unglücklich, wenn wir getrennt waren, dass dies nur die einzig wahre Liebe sein konnte, und er empfand genauso. Nun ja, wie die meisten Highschool-Romanzen verlief auch diese schließlich im Sande, aber ich hatte Gefallen an dem Gefühl gefunden, jemanden zu brauchen und gebraucht zu werden, nach jemandem zu verlangen und vom anderen verlangt zu werden, sich so sehr nach jemandem zu sehnen, dass es schmerzte. Ich verliebte mich in die Liebe und verbrachte ziemlich viel Zeit damit, dieses gleichzeitig erhebende und herzzerreißende Gefühl zurückzubekommen. Jetzt war es offiziell – ich gehörte zu den Mädchen, die immer eine Beziehung brauchten.

Unglücklicherweise hatte das Universum andere Pläne mit mir, und für einige Jahre kam ich dem Gefühl des Verliebtseins oder einer vernünftigen Beziehung noch nicht einmal nahe. Aber schließlich fand ich einen neuen Mann, und es war toll. Das Beste daran war für mich, am Wochenende zusammen aufzuwachen, Eier und Pfannkuchen zu verspeisen und dann wieder ins Bett zu kriechen, dort ein Kreuzworträtsel zu lösen und morgendlichen Sex zu haben. Dann wagten wir uns nach draußen, wanderten ziellos umher, bis es Zeit zum Abendessen war, aßen, gingen in eine Bar und betranken uns. Manchmal gingen wir noch in eine Karaoke-Bar, dann wieder zu Bett. Es war so schön! Doch dann hörte es auf, schön zu sein und begann, mich etwas zu langweilen. Zu diesem Zeitpunkt fing ich an, mich gedanklich mit diesem anderen Kerl zu befassen, den ich kannte, und wandte mich zumindest mental von meiner großartigen Beziehung ab. Als wir uns schließlich trennten, fand ich sehr schnell heraus, wie es war, den anderen Typen zu küssen, und ging ab sofort eine Weile mit ihm aus. Schließlich zog ich in eine andere Stadt, aber auch dort hatte ich schon jemanden parat. Als er und ich uns dann wieder trennten, war ich bereit, Single zu sein und das Leben als alleinstehende Frau wieder zu genießen, aber dann vögelte ich eines Abends in betrunkenem Zustand mit einem Bekannten.

Schon bald wurde er mein ständiger Begleiter und danach mein Freund. Ich war schon wieder verliebt, und alle meine Freundinnen waren von mir total genervt.

»Du meine Güte, du musst auch immer einen Freund haben!«, sagten sie zu mir.

»Gar nicht wahr!«, protestierte ich. »Ich habe das hier doch schließlich nicht geplant – dieses perfekte Timing ist Zufall.«

»Nein, du kannst einfach nicht allein sein«, antworteten sie. »Du bist co-abhängig und bedürftig und kannst nicht damit umgehen, wenn du keinen Mann an deiner Seite hast.«

Vielleicht war da ja etwas Wahres dran. Mir war es tatsächlich lieber, wenn ich einen Freund hatte, aber mir gefielen eben auch die Vergünstigungen, die damit einhergingen – regelmäßiger Sex und ein fester Partner, mit dem man am Wochenende etwas unternehmen konnte – wie zum Beispiel einen Kurztrip. Die Tatsache, dass meine Partner sich zeitlich teilweise überlappten oder zumindest sehr dicht aufeinanderfolgten, war natürlich Mist, aber was sollte ich dagegen machen? Ich würde mich bestimmt nicht von einem von ihnen trennen, nur um anderen zu beweisen, dass – ja – ich allein sein konnte.

Um die Wahrheit zu sagen: Wenn ich allein bin, dann bin ich eine heiße Braut, die zum Abendessen nur Toastbrot isst, zu viel trinkt, und am nächsten Morgen mit einem gehörigen Kater aufwacht. Sie haben doch sicher auch Männer im Freundeskreis, die Alkoholiker sind und immer schlecht riechen, weil ihnen morgens der Schnaps aus allen Poren dringt? Oder deren Klamotten immer zerknittert sind, die sich nicht vernünftig ernähren oder nicht auf sich achten? Frauen pflegen dann immer zu sagen: »Er braucht dringend eine Freundin.«, und nicht: »Er muss eine Entziehungskur machen oder die Anonymen Alkoholiker aufsuchen, sich häufiger baden, seine Klamotten mal waschen und lernen, ein gesundes Abendessen für eine Person zu kochen. Er muss lernen, das Alleinsein zu genießen! Er weiß eben nicht, wie man allein lebt!« Nein, der Kerl braucht ein Mädel, das für ihn sorgt. Also warum kann es nicht auch umgekehrt so sein, dass Frauen Männer brauchen, die für sie sorgen oder ihnen zumindest helfen, nicht ständig betrunken auf ihrer faulen Haut zu liegen? Ich glaube, wir alle brauchen jemanden, der uns dabei hilft, ein besserer Mensch zu werden. Für mich sind es die Männer, mit denen ich zusammen bin. Ihretwegen will ich eine bessere Frau sein – oder wenigstens meine Klamotten auf Bügel hängen und Mahlzeiten kochen, die zumindest zeitweise etwas Gemüse enthalten. Die meisten Mädels, die ich kenne, sind in Beziehungen besser aufgehoben, weil sie dadurch eher auf sich achten und versuchen, weniger schmutzig zu erscheinen.

Das wählerische Mädchen

Letztens hatte ich eine Nachricht von meiner älteren Schwester auf dem Anrufbeantworter, die mir alles über ein Date mit diesem neuen Typen berichten wollte, den sie auf einer Party in L. A. getroffen hatte. »Das muss ich dir unbedingt erzählen. Bitte ruf mich so schnell wie möglich zurück!«, sagte sie. Ich war aufgeregt, denn ich vermutete, dass alles gut gelaufen war.

Also rief ich gleich an: »Und? Erzähl!«

»Na ja, er ist ein echt scharfer Typ, wirklich cool. Er arbeitet im Marketing. Und witzig ist er auch noch. Er hat mich mit in die Hollywood Bowl genommen, und wir hatten total viel Spaß. Und hinterher haben wir gevögelt, was das Zeug hält«, berichtete sie.

»Wow, klingt ja toll!«, antwortete ich. »Also bist du in ihn verknallt?«

»Igitt, nein«, rief sie. »Unglücklicherweise hat er irgend so einen spastischen Tick und küsst wie ein Achtklässler. Also vergiss es!« Sie lachte. Ich war enttäuscht. Ich wünschte mir, dass diese Geschichte endete wie eine romantische Komödie aus Hollywood.

»Bist du sicher, dass es sich um einen spastischen Tick handelt?«, fragte ich, denn ich dachte, na ja, man kann einem Kerl doch immer beibringen, wie man gut küsst.

»Gillian«, sagte sie. »Ich habe die Zeit zwischen jedem Krampf gestoppt. Er hatte alle dreißig Sekunden einen eindeutigen spastischen Krampf in der Schulter.«

»Oh, na dann«, antwortete ich. »Vergiss es!«

Ach, Frauen. Trotz all ihres Gezickes und Gestöhnes darüber, dass sie einfach keinen netten Partner finden, servieren viele Frauen Männer mit kleinen, unkontrollierbaren Fehlern genauso schnell ab wie die Männer uns. Das ist die Ironie in der Beziehung zwischen Männern und Frauen – Männer halten Frauen häufig für vollkommen verzweifelt, aber in Wirklichkeit sind wir weit davon entfernt. Zugegeben, Frauen wollen jemanden kennenlernen, mit dem sie gern zusammen sind und sich amüsieren können. Männer etwa nicht? Beim Dating und beim Sex können Frauen genauso ätzend sein wie Männer – Männer formulieren es nur anders: Sie behaupten, dass wir reif für die Klapse sind.

Ich kenne unzählige Horrorstories von Frauen, deren Dates ganz furchtbar schiefgingen. Ihre Geschichten sind vielfältig: Der Mann oder der Pimmel war zu klein, er hatte noch nicht mal genug Geld, um sein Auto reparieren zu lassen, sodass sie ihn überallhin kutschieren musste, er versuchte, ihr schon in der ersten Nacht den Schwanz in den Arsch zu stecken.

Aber meist sind Frauen tatsächlich ein ziemlich wählerisches Pack, und häufig sind die eingeschworenen Singles die schlimmsten. Meine Freundinnen und ich haben dafür sogar einen Namen: das Grauen. Es überkommt uns, wenn etwas scheinbar völlig Harmloses uns so schnell abtörnt, dass allein der Gedanke, den Typen noch einmal treffen zu müssen, Übelkeit bei uns verursacht. Das Grauen ist bei Frauen sehr unterschiedlich. Ich kenne eine Frau, die einen bestimmten Kerl nicht mehr ansehen konnte, nachdem sie seinen idiotischen Gang bemerkt hatte, als er einem Bus hinterherrannte. Eine andere setzte ihren Freund nach ein paar Monaten vor die Tür, nachdem er ihr im Bett tief in die Augen geschaut und gesagt hatte: »Ich möchte deinen Bauch mit Küssen übersäen.«

»Weißt du eigentlich, wie abstoßend das war?«, fragte sie mich.

»Oh ja, das kann ich mir schon denken«, versicherte ich ihr. Abgedroschenes Gesülze, insbesondere wenn es aus Filmzitaten besteht, ist ein todsicherer Ausweg aus dem Herz einer Frau. Wir können Bierbäuche und Kahlköpfe und auch geschmacklose Tribal-Tattoos übersehen, wenn wir einen Typen wirklich mögen. Na ja, manche von uns können das jedenfalls. Aber sobald er den Mund aufmacht und etwas von sich gibt wie: »Ich könnte die ganze Nacht hier liegen und dich sanft über mein Haar streicheln lassen«, betreten wir die Stadt des Grauens. Und geben Fersengeld.

So zum Beispiel meine Freundin Ginny – sie ist ein scharfes Weib, und viele Männer sind hinter ihr her. Aber schließlich sagen oder tun sie etwas, das sie unattraktiv findet, und sie kriegt das Grauen. Dann arbeitet sie sofort an einer Rückzugsstrategie.

Als wir zuletzt miteinander sprachen, fragte ich sie nach dem neuen Typen, mit dem sie sich getroffen hatte und der ernsthaftes Potenzial zu haben schien – ein guter Job, noch nie verheiratet, lebte in der gleichen Stadt, Single, suchte eine Freundin.

»Iiii, gar nicht gut. Ich denke momentan darüber nach, ob ich ihn gleich in die Wüste schicken soll oder ob ich lieber warte, bis ich jemand anderen kennengelernt habe«, antwortete sie.

»Warum? Was ist passiert?«, rief ich. »Ich dachte, du magst ihn und er ist eine gute Partie.«

»Das war auch so. Aber du solltest mal seine Facebook-Pinnwand sehen«, sagte sie. »Die Einträge sind absolut idiotisch – es ist unerträglich. Mir wird schlecht, wenn ich ihn ansehe«, erklärte sie.

»Du lässt ihn fallen, weil dir seine Facebook-Pinnwand nicht gefällt?«, fragte ich. »Findest du das nicht doch etwas gemein? Kannst du wirklich nicht darüber hinwegsehen?«

»Nein, du verstehst mich nicht, ich habe es versucht. Aber er macht ständig neue Einträge. Es sind also nicht nur die alten, die peinlich sind, sondern es kommen dauernd neue hinzu, über die ich kotzen könnte.« Sie schickte mir ein paar der schlimmsten per E-Mail.

MATT FERNANDEZ *findet das Leben wunderbar, und wenn man nicht hin und wieder innehält, um sich umzusehen, könnte man es verpassen!*
MATT FERNANDEZ *sagt: Lächle und die ganze Welt lächelt mit dir.*
MATT FERNANDEZ *hat Bauchweh, zu viel Eiscreme :p!*

»Brrrr. Ja, das ist tatsächlich ein Problem«, gab ich ihr recht.

»Außerdem benutzt er die ganze Zeit über Babysprache«, fügte sie hinzu.

»Okay, du fragst dich also, ob du warten solltest, bis du jemand anderen gefunden hast, bevor du ihn fallen lässt?«, fragte ich. »Ich finde, du solltest keine Zeit verschwenden und es gleich tun. Babysprache ist inakzeptabel.«

»Ich wusste, du würdest mich verstehen.«

Und dann gibt es da noch die Frauen, die wählerisch in Bezug auf körperliche Attribute sind. Sie haben etwas dagegen, mit einem rothaarigen Mann auszugehen oder mit einem, der kleiner ist als sie selbst. Ich habe eine Freundin, die sich beharrlich weigert, sich mit Männern zu verabreden, die eine bestimmte Größe unterschreiten, auch wenn sie ansonsten großartig zu sein scheinen.

»Du sagst also, dass du mit diesem Kerl – diesem Produktionsleiter für TV-Shows in der Hauptsendezeit – unter keinen Umständen etwas anfangen willst, weil du gehört hast, dass er ein bisschen klein ist?«, fragte ich sie einmal.

»Jeder hat so seine Ticks«, antwortete sie. »Bei mir sind es kleine Männer. Das geht einfach nicht, egal wie wunderbar sie auf anderem Gebiet sind.«

»Das ist doch lächerlich«, erwiderte ich. »Du solltest in diesem Punkt wirklich etwas offener sein.«

»Okay, na gut, würdest du dich mit einem Kerl treffen, dessen Penis sieben Zentimeter kleiner als die von dir bevorzugte Größe ist?« Was sollte ich da noch sagen?

Die verbitterte Single-Frau

Es gibt viele Frauen, die sich nie verlieben, und zwar keineswegs, weil sie furchtbar unattraktiv sind. Es gibt Millionen Gründe, warum bestimmte Frauen immer allein bleiben, und genau wie das Mädel, das sich zu schnell verliebt oder dauernd einen neuen Freund hat, können sie ziemlich nervig sein. Jeder, der zu lange ohne Küsse oder Knutschen oder Sex auskommen muss, wird – egal wie unabhängig oder fabelhaft er ist – irgendwann ziemlich mürrisch. Also warum gibt es da draußen so viele alleinstehende Frauen, obwohl sie aktiv nach einem Partner Ausschau halten? Meiner Meinung nach sind sie entweder wählerisch, haben einen furchtbar schlechten Geschmack oder ein miserables Urteilsvermögen, was Kerle angeht. Vielleicht sollte ich hier nicht von *schlechtem* Geschmack reden – vielleicht sind sie einfach nur zu ehrgeizig, wenn es um den Mann geht, den sie attraktiv finden. Meist verlieben sie sich Hals über Kopf in Männer, die – ein anderer Ausdruck fällt mir nicht ein – eben nicht in ihrer Liga spielen.

Aufgrund dieser hohen Ansprüche bleiben viele Frauen lange Zeit Single. Manche von ihnen leben in einer Fantasiewelt, wo Ryan Reynolds (ein süßer Kerl, der gern surft, kocht und mit Babys spielt, zudem in einem coolen Kreativberuf arbeitet, dabei noch gut Geld verdient, aber keineswegs damit angibt) nach einer Frau Ausschau hält, die genauso ist wie sie – und er wartet stets geradewegs um die Ecke. Warum also nicht noch ein bisschen länger ausharren, bis man ihn gefunden hat?

Eines Tages versuchte ich meiner Freundin zu erklären, dass sie ihre Ansprüche ein bisschen zurückschrauben sollte. Dann würde sie vielleicht jemanden finden, in den sie sich richtig verlieben könnte, auch wenn er vielleicht nicht vollkommen war.

»Ich weigere mich, mich mit irgendetwas oder jemandem nur *zufriedenzugeben*«, antwortete sie. »Ich weiß, was ich will, und ich weiß, dass ich so einen Menschen finden kann, auch wenn ich dafür länger brauche als die meisten anderen Frauen. Auch wenn ich den Mann meiner

Träume nie finde, nur zufriedengeben will ich mich jedenfalls nicht.« Diese Überzeugung ist sicherlich bewundernswert. Wenn ich genauer darüber nachdenke, kenne ich jede Menge Frauen in festen Beziehungen, die sich beständig über ihre Partner beklagen, bis hin zu dem Punkt, da man sich fragt, warum sie überhaupt mit ihm zusammen sind. Vielleicht ist es also doch gar nicht so schlecht, weiterhin nach Ryan Reynolds Ausschau zu halten.

Kleine Pflichtlektüre für den Mann an Ihrer Seite: Wie Ihr Jungs es schafft, bei einer Frau nicht »das Grauen« auszulösen

Es ist keineswegs so, dass alle Frauen wählerische, zickige Arschlöcher sind, die Euch Jungs nicht mögen oder respektieren, wenn Ihr nicht vollkommen seid. So verrückt sind wir nun auch wieder nicht. Wir haben es sogar ganz gern, wenn Ihr Fehler habt, insbesondere deshalb, weil wir uns dann weniger unsicher im Hinblick auf unsere eigenen kleinen Makel fühlen. Ihr habt einen kleinen Bauchansatz? Die meisten Frauen finden das ganz niedlich. Ihr habt einen behaarten Rücken? Ja und, verdammt noch mal? Solange Ihr in uns verliebt seid, witzig seid und uns respektvoll behandelt, kann uns nicht allzu viel abschrecken. Natürlich muss man bedenken, dass verliebte Frauen im Allgemeinen blind für die Fehler des Partners sind.

Doch wenn Ihr gerade erst anfangt, Euch mit jemandem zu verabreden, ist die Sache schon etwas komplizierter. Will eine Frau nach einer reibungslosen Anfangsphase plötzlich nichts mehr von Euch wissen, dann hat sie möglicherweise das Grauen bekommen. Den Aussagen der von mir befragten Frauen zufolge sind die folgenden Verhaltensweisen todsichere Methoden, um sie abzuschrecken.

1. *Abgedroschene Sprüche oder Babysprache.* Ich kann Euch persönlich bestätigen, wie abstoßend wir das finden. Einmal verbrachte ich die Nacht mit einem Mann, und als er morgens aufwachte und Kaffee kochte, rief er zu mir hinüber: »Schnuckiputzi? Möchtest du Milch?« Ich erstarrte vor Schreck, weil ich nicht wusste, wie ich mich verhalten sollte, wenn ein absolut Fremder mich »Schnuckiputzi« nannte. Das Grauen übermannte mich.
2. *Idiotische Geheimnisse zu schnell preisgeben.* Einmal verabredete ich mich mit einem Typen, der genauso auf den Soundtrack von *The Sound of Music* stand wie ich. Aber als wir unsere gemeinsame Leidenschaft für den Song »Lonely Goatherd« entdeckten, in dem gejodelt wird, hatten wir bereits eine feste Beziehung. Wenn er mir das schon bei unserem ersten Date unter die Nase gerieben hätte, hätte ich mich möglicherweise aus dem Staub gemacht.

3. *Sich nicht um kleine Fehler kümmern.* Eine meiner Freundinnen berichtete, dass sie vor Kurzem mit einem Mann ausgegangen sei, der einen dicken Mitesser auf dem Kinn gehabt hätte, den er nicht behandelte. Während des ganzen Essens wusste sie kaum, wo sie hingucken sollte. »Am liebsten hätte ich die Hand ausgestreckt und ihn ausgedrückt«, sagte sie. »Es war eklig.«
4. *Die eigenen Körpersäfte nicht im Griff haben.* Das ist besonders wichtig. Keine Frau hält Kotzerei wirklich für sexy oder cool. Auch hier gilt: In einer festen Beziehung könnt Ihr Jungs gleichzeitig kotzen und Euch in die Hose scheißen – Eure Freundin wird sich um Euch kümmern. Aber habt Ihr die Frau gerade erst kennengelernt, dann ist es wirklich unattraktiv, wenn Euch schlecht wird, weil Ihr zu viel getrunken habt.
5. *Schlechte Küsse.* Wenn Ihr alt genug zum Ausgehen seid, dann solltet Ihr keine schlechten Küsser sein. Für uns ist das gleichbedeutend mit schlecht im Bett. So schwer ist es gar nicht, gut zu küssen: Lasst es langsam und sanft angehen (aber nicht zu langsam, das ist auch eklig) und lasst die Zunge nicht ständig in den Mund hinein- und wieder hinausflutschen. Schlechtes Küssen ist für Frauen das ultimative Grauen, und es gibt nicht viel, womit Ihr es ausgleichen könnt.

Das Endspiel

Schmutzige Mädchen – glücklich bis ans Ende ihrer Tage

Die meisten Mädchen wollen im Leben irgendwann mal heiraten und Babys bekommen (oder zumindest heiraten). Vielleicht ist die Zeit jetzt noch nicht reif, trotzdem gehört es zu ihren Zukunftsplänen. Das ist der Lauf der Dinge – ein paar wichtige Meilensteine im Leben bringt jeder hinter sich, bis der unvermeidliche Schicksalstag uns ereilt: Das Altersheim mit dem hübschen Namen »Zum schattigen Kiefernwäldchen«. Außerdem sind Frauen eben von Natur aus so gestrickt. Wir alle besitzen den Instinkt zum Bewahren und Nähren – ja, sogar Du, Du zynische Schlampe. Vielleicht findest Du, dass Kinder sowieso nur nach Kotze riechen und nerviger gar nicht sein könnten, aber wenn Du ein schwaches und durstiges Katzenbaby am Straßenrand sitzen siehst, dann bleibst Du wahrscheinlich doch stehen, um dem armen, kleinen Ding zu helfen. Dem Drang, die Schwachen und Süßen zu beschützen, können wir nur schwer widerstehen. Oh ja, und dann kommt da noch der regelmäßige Sex und das Gefühl der Sicherheit hinzu, die Gewissheit, dass wir uns in guten und schlechten Zeiten auf jemanden verlassen können, usw. Das ist auch nicht schlecht. Außerdem finden alle Menschen den Gedanken, allein alt zu werden, einfach abscheulich. Wer das Gegenteil behauptet, ist nicht ganz richtig im Kopf.

Obwohl die Hälfte der Frauen Scheidungskinder sind und die meisten von uns deshalb in Therapie waren, und obwohl wir die Heiratsstatistiken kennen und wissen, dass mindestens fünfzig Prozent aller Ehen in die Brüche gehen (und obwohl wir den Eindruck haben, dass verheiratete Frauen mit Kindern weder erfüllter noch glücklicher sind als Frauen ohne Mann und Kinder), lassen wir uns aus irgendeinem Grund immer noch nicht von dem ganzen Heirats-Dingsbums abhalten. Wir wollen eben unbedingt erwachsen werden. Wer weiß – vielleicht versauen *wir* es ja nicht vollkommen. Vielleicht lassen *wir* uns ja nicht scheiden, vielleicht schaden *wir* unseren Kindern ja nicht und verärgern sie auch nicht so sehr, dass sie irgendwann schwören, niemals so werden zu wollen wie wir. Es ist zwar zweifelhaft, aber wir wollen unsere faire Chance bei diesem großen Schritt im Leben, und wir haben sie verdient. Außerdem ist das Leben für uns gar nicht so einfach! Wir reißen uns den Arsch auf und verdienen immer noch weniger Geld als die Männer in genau dem gleichen Job. Im Fernsehen zeigen sie vornehmlich Sport, weil die Männer sich dafür interessieren. Wir müssen unseren Schambereich hegen und pflegen, damit wir regelmäßig unseren Oralsex kriegen. Also ist es doch nur recht und billig, dass wir uns wenigstens an einem Tag in unserem Leben verkleiden und schön aussehen, an einem Tag, an dem die Leute uns Geschenke machen und uns jede Menge Liebe und Aufmerksamkeit geben. Ich spreche von unserem Hochzeitstag. Und vergessen wir nicht, dass Hochzeiten auch so richtig Spaß machen können. All unsere Freunde und unsere ganze Familie sind da, es fließt reichlich Alkohol, schreckliche Tänzer geraten außer Rand und Band und unterhalten uns mit ihren Zuckungen. Und nicht zu vergessen, die Liebe! Es sei denn, Sie lieben den Bräutigam nicht, was bedauerlicherweise häufiger passiert, als es sollte.

Schmutzige Mädchen und das Heiraten

Obwohl in vielen Teilen der Welt noch immer beschissene Ehen arrangiert werden, gibt es wohl *keine* Frau, die ihre bescheuerten Eltern freiwillig damit betrauen würde, ihr einen passenden Ehemann zu suchen! Wenn ich meiner Mom und meinem Dad freie Hand gelassen hätte, hätte ich vermutlich den blonden Golfprofi in Khakihosen mit Bügelfalte geheiratet, der in ihrem Country Club Golf unterrichtet. Lebenslang kostenlose Swing-Tipps? Das wäre die Hand ihrer drittgeborenen Tochter doch absolut wert gewesen! Eine Menge moderner Mädchen heiratet den falschen Kerl, nur weil sie glauben, dass man es ab einem bestimmten Alter von ihnen erwartet, oder weil sie gewissermaßen unter Druck stehen, diesen Meilenstein von ihrer Lebensliste zu streichen, bevor sie das heiratsfähige Alter überschritten haben. In den Vereinigten Staaten liegt das

Durchschnittsalter bei Eheschließungen jetzt bei sechsundzwanzig für Frauen und bei siebenundzwanzig für Männer. Natürlich ist das davon abhängig, wo Sie wohnen – in meiner Heimatstadt New York heiratet man durchschnittlich zwischen dem dreißigsten und dem fünfunddreißigsten Lebensjahr. Ich kenne keine Frau, die schon mit sechsundzwanzig verheiratet war, aber ganz sicher kenne ich jede Menge Sechsundzwanzigjährige, die begeistert von dem Gedanken sind, nach einem langen Arbeitstag um drei Uhr nachts mit mir noch ein paar Biere trinken zu gehen.

Meiner Meinung nach ist das Alter jedoch Nebensache. Viel wichtiger ist der Rest der ganzen Geschichte. Wenn Sie heiraten wollen, dann sollten Sie zuallererst einmal etwas für Ihren zukünftigen Ehemann *übrig* haben, und zwar genug, um nicht schon im Voraus Ihre Scheidung zu planen oder sich zukünftige Affären mit scharfen Kollegen vorzustellen, noch bevor Sie die Hochzeitsparty hinter sich haben. Eine Scheidung ist eine gute Sache, wenn das ganze Unternehmen sich als total ätzend entpuppt, aber sie ist ganz sicher nicht das Ziel. Ein großes Problem bei vielen Eheschließungen besteht darin, dass die Braut eigentlich von Anfang an weiß, dass sie nicht mit ganzem Herzen dabei ist. Oft sind Frauen so auf den Gedanken an die Hochzeit und den Ehemann fixiert, dass sie sich nicht auf den Kerl selbst konzentrieren und darauf, was es bedeuten kann, tagein tagaus für den Rest ihres Lebens neben seinem Arsch im Bett aufzuwachen. Genau hier fangen die Probleme oft an. Ich kenne drei Paare, deren Ehen innerhalb des ersten Jahres endeten – und alle Frauen wussten nach eigenen Angaben schon zu dem Zeitpunkt, als sie das Brautkleid aussuchten, dass diese Ehe ein Fehler war.

»Mir war eigentlich klar, dass das mit der Heirat eine Schnapsidee war«, sagt die dreißigjährige Sam. »Aber wir waren drei Jahre zusammen, also genau die richtige Zeit. Davon hatten wir zwei Jahre zusammengelebt, und er war ein netter Kerl, der mich heiraten wollte. Oder vielleicht hatte er auch einfach nur das Gefühl, dass es langsam Zeit wurde.« Als ihr Freund damit beschäftigt war, einen Ring für sie auszusuchen, fing sie einen heißen Flirt mit einem langjährigen Kollegen an. In der Absicht, mit ihm zu bumsen, lud sie ihn auf ein paar Drinks ein, einfach nur, um etwas anderes, etwas Wildes zu tun, bevor sie sich vollends an ihren Zukünftigen band.

»Ich wusste, dass er den Ring aussuchte. Es war einem seiner Freunde eines Abends rausgerutscht«, erklärte sie. »Aber anstatt vor Freude in die Luft zu springen, drehte ich durch und hatte das unbändige Verlangen, mit jemand vollkommen Ungeeignetem zu vögeln. Das ist wohl kaum ein gutes Zeichen dafür, dass man sich langfristig an jemanden binden will.« Als ihr Freund ihr einen Monat später einen Heiratsantrag machte, sagte Sam natürlich ja und gab ein paar Monate lang vor, total aus dem Häuschen zu sein. »Ich ertappte mich dabei, wie ich immer häufiger mit meinem alten Kollegen zusammen war. In der Mittagspause trafen wir uns und schliefen regelmäßig miteinander. Dabei hatte ich gedacht, dass der Ring an meinem Finger mich nur noch stärker an meinen Freund binden würde und ich nicht länger ein solches Miststück sein würde.« Diese Verwandlung fand nicht statt, und die Hochzeit ebenso wenig. »Ich konnte es einfach nicht durchziehen, besonders nicht, nachdem ich begonnen hatte, für den anderen Kerl ernsthafte Gefühle zu entwickeln. Doch wahrscheinlich waren die auch nichts weiter als eine Ausrede, um mich nicht in diese Hochzeit hineinziehen zu lassen«, überlegt sie. »Ich betrachtete mich im Spiegel, wenn ich mir die Zähne putzte, und fragte mich: ›Was zum Teufel tust du da?‹« Sie trennte sich also von ihrem Verlobten und durchlebte ein schlimmes Jahr, in dem sie versuchte, die Scherben ihres Lebens wieder zusammenzusetzen, nachdem sie doch auf dem sogenannten richtigen Weg gewesen war.

»Manchmal glaubte ich, einen schrecklichen Fehler gemacht zu haben, und vielleicht hätte ich es ja doch versuchen und heiraten sollen, statt nun mit dreißig allein, einsam und verloren dazusitzen«, sagt sie. »Aber dann dachte ich an die Scheidung, die unweigerlich auf mich zugekommen wäre. Und ich dachte daran, wie ich den Dingen eine andere Richtung gegeben hatte. Am Anfang machte ich noch ein bisschen mit dem anderen Typen rum, aber dann wurde mir klar, dass er nicht mehr als ein Lückenbüßer für mich war. Jetzt bin ich Single, verabrede mich wieder mit Männern und genieße das alles wirklich sehr. Ich will eines Tages auf jeden Fall heiraten, aber nicht den falschen Kerl. Ich bedaure nichts davon, obwohl ich weiß, dass viele Frauen einfach weitergemacht und es durchgezogen hätten, statt sich dem Drama zu stellen, das die Lösung einer Verlobung nach sich zieht, ganz zu schweigen von dem Schmerz, dem man dem anderen zufügt.«

Eine andere Freundin steht der Ehe ausgesprochen skeptisch gegenüber, hauptsächlich deshalb, weil sie panische Angst vor vollkommener und ausschließlicher Monogamie hat. »Ich habe meine Beziehungen immer beendet, weil ich nach einer Weile feststellte, dass ich jemand anderen attraktiv fand«, erzählte sie. »Was ist, wenn so etwas passiert, nachdem ich den Betreffenden geheiratet habe? Dieser Gedanke wirkt einigermaßen ernüchternd – mit ein und demselben Mann für den Rest meines Lebens zu schlafen? Wird mir das je genug sein?«

Ich unterhielt mich mit einigen meiner verheirateten Freundinnen und fragte sie, woher sie wussten, ob jemand ehetauglich war oder nicht.

»Mein Mann war kreativ und erfolgreich genug, um niemals neidisch oder missgünstig auf meine Erfolge zu sein«, sagte eine von ihnen. »Das gehört für mich zu den wichtigsten Dingen überhaupt – dass ich die Karriereziele verfolgen kann, die ich mir erträume und die mich stimulieren, auch wenn es vielleicht nicht so gut bezahlt wird, und dass er mich immer, wirklich immer unterstützt. Nichts ist unattraktiver als ein Mann, der einen entweder nicht unterstützt oder der auf die beruflichen Erfolge seiner Partnerin neidisch ist.«

Auf jeden Fall! Ich war mal mit einem Typen zusammen, der große berufliche Schwierigkeiten hatte. Ich unterstützte ihn, wo ich konnte, hörte ihm zu und versuchte, ihm mit Rat und Tat zur Seite zu stehen, wann immer er es brauchte, doch es war nie genug. Ich würde »nie verstehen«, was er als Mann durchmachte. In der gleichen Zeit ergatterte ich wiederum meinen Traumjob. Der war zwar schlecht bezahlt, machte aber Spaß und war cool. In den drei Jahren davor hatte ich nur beschissene Jobs gehabt, bei denen man nicht weiterkam und immer die Assistentin für irgendwelche Arschgeigen spielen musste. Ich fand, dass ich meinen neuen Job verdient hatte, jedenfalls freute ich mich sehr darauf. Also ging ich nach meinem ersten Arbeitstag mit meinem Freund einen trinken, um ihm davon zu berichten, und ich war total euphorisch. Ich redete wie ein Wasserfall über die Leute, mit denen ich zusammenarbeitete, und darüber, wie sympathisch mir alle waren. Ich erzählte, dass mein Chef mich an den großen Meetings mit all den Chefredakteuren hatte teilnehmen lassen und dass er meine Beiträge und Ideen gut fand. Außerdem hatte ich kostenlose Eintrittskarten für ein cooles Konzert am nächsten Tag bekommen, eine der tollen Vergünstigungen, die die Arbeit bei diesem fantastischen Magazin mit sich bringt. Mein Freund saß mit versteinerter Miene da und hörte zu, wie ich glücklich vor mich hin schwadronierte. Als ich schließlich aufhörte, sagte er schnippisch:

»Ich freue mich, dass du deinen Job magst und so weiter, aber nicht alle von uns haben im Moment beruflich so eine gute Phase, und es ärgert mich, dass du es mir trotzdem unbedingt unter die Nase reiben musst.« Ich war schockiert. Der gleiche Mann hatte geduldig zugehört, wenn ich mich endlos lang über die langweiligen Routineaufgaben beklagt hatte, die ich als Assistentin für meine anderen Vorgesetzten hatte erledigen müssen. Einmal hatte ich sogar die gesamten IKEA-Möbel von einem Kollegen zusammengebaut und anschließend seinen Wohnzimmerteppich hinausgeschafft und ihn auf der Schulter fünfzehn Straßen weiter durch Soho schleppen müssen, weil er nicht in ein Taxi passte. Ich hatte mich bei meinem Freund ausgeweint, weil man mich als »nutzlose Fotze« beschimpft hatte, nur weil ich die falschen Brötchen für das morgendliche Meeting gekauft hatte. Oder darüber, dass meine nächste Chefin genauso gemein war und mich aufforderte, eines Samstagsmorgens zu IKEA zu fahren und anschließend unsere sämtlichen Büromöbel zusammenzubauen. (Randbemerkung: Ich bin ein Meister im IKEA-Möbel-Zusammenbauen.) Und jetzt war ich total aufgeregt, weil ich nach all den mageren Jahren beruflich endlich auf dem richtigen Weg war, und er wollte mir alles verderben? Ich war unglaublich wütend. Ich glaube, in diesem Augenblick wurde mir klar, dass er nicht der Mann war, den ich mir als Ehemann, Vater oder gar Großvater der eigenen Kinder und Enkel vorstellte, weil er es noch nicht einmal fertigbrachte, so zu tun, als ob er sich mit mir freuen würde, weil mir etwas Gutes widerfahren war. Stattdessen suhlte er sich förmlich im eigenen Unglück.

Deshalb verstand ich vollkommen, was meine Freundin meinte, als sie sagte, dass die Unterstützung, die sie durch ihren Partner beruflich erfahren hatte, ihn zum Heiratskandidaten machte. Das ist für Frauen sehr wichtig. Egal wie weit hergeholt die Träume sein mögen, die man hegt: Sie zu unterstützen sorgt für eine solide und möglicherweise dauerhafte Partnerschaft. Umgekehrt ist ein gewisser Realismus beim Träumen für beide Parteien auf jeden Fall von Vorteil. Einmal war ich mit einem Mann zusammen, der so viele Ideen und Pläne hatte – Ein Tierasyl in

Afrika eröffnen? Als Barkeeper auf einem Kreuzfahrtschiff anheuern? –, dass es mir schwerfiel, mir all seine Träume zu merken, ganz zu schweigen davon, jeden einzelnen zu unterstützen. Seine Träume waren dumm, und zwar vornehmlich deshalb, weil er nichts unternahm, um seine Ziele zu erreichen, sondern stattdessen lieber jede Menge Gras rauchte und den Jack Daniels gleich aus der Flasche soff.

Eine andere Freundin von mir erkannte, dass ihr Mann ein guter Heiratskandidat war, weil er lächerlich ehrlich zu ihr war. Ja, ich weiß: Ehrlichkeit gehört zu den Klischees, die in Zeitschriftenartikeln propagiert werden, aber trotzdem ist da etwas dran. Lügen (also entweder selbst beim Lügen erwischt werden oder herausfinden, dass der Partner gelogen hat) sind ein wirklich mieses Zeichen dafür, dass irgendetwas in der Beziehung nicht stimmt. Ich spreche hier nicht von kleinen Notlügen, die absolut akzeptabel sind und zu denen ich durchaus ermutigen möchte, solange sie unschuldig sind. (Eine kleine Lüge, die mir häufiger erzählt wurde und die ich wirklich nett fand war: »Du bist die schönste Frau in ganz Brooklyn.«) Ich meine die großen Lügen, wie »Wir feiern die Junggesellenparty beim Wildwasserrafting«, während man in Wirklichkeit das Nachtleben von Atlantic City unsicher macht. Jedenfalls hatten meine Freundin und ihr Partner schwere Zeiten durchgemacht, und er hatte sich eines Abends nach einer Feier mit einem anderen Mädchen eingelassen. Am nächsten Tag heulte er sich vor lauter Kater und Reue die Augen aus dem Kopf, beichtete ihr alles und bat sie, ihm zu verzeihen.

»Ich verließ sofort die verdammte Wohnung«, berichtete

sie mir. »Ich wollte unter gar keinen Umständen in seiner Nähe bleiben, nachdem er mir gerade erzählt hatte, dass er mit einer anderen gebumst hatte. Und es spielte auch gar keine Rolle, dass wir mitten in einer Auseinandersetzung waren und darüber entscheiden wollten, ob wir überhaupt zusammenbleiben würden. Trotzdem fiel es mir schwer, fortzugehen, nachdem wir eineinhalb Jahre zusammen gewesen waren. Ich vermisste ihn sofort, aber ich versuchte, mich auf meine Wut zu konzentrieren statt auf meine Trauer, damit ich über ihn hinweg kam. Die ganze Sache war wirklich schrecklich.«

Ihr Freund machte schließlich eine Therapie, und auch sie entschied sich für eine, um ihre eigenen Probleme in den Griff zu kriegen. Nach ein paar Wochen begannen sie, wieder miteinander zu reden, wenn auch anfangs nur sehr zögerlich. »Es war schön. Früher war er ziemlich verschlossen gewesen, aber jetzt sprach er offen und ehrlich über seine Gefühle«, erzählte sie. »Erst hatte ich ihn verlassen, dann die Therapie, dann hatte er sich zum ersten Mal in seinem Leben geöffnet, ließ seine eigene Verletzlichkeit zu, weinte sogar in meiner Gegenwart – ich weiß nicht. Das brachte uns einander noch näher. Schließlich kamen wir wieder zusammen und zogen fünf Monate später in eine gemeinsame Wohnung. Ich halte ihn aus mehreren Gründen für ehetauglich: Erstens beichtete er mir, dass er mich betrogen hatte und gab mir die Gelegenheit, selbst zu entscheiden, wie ich mich verhalten wollte, was ziemlich anständig von ihm war – es gibt nicht viele Männer, die sich so verhalten würden. Zweitens ist er, seit er begonnen hat, an seinen

Problemen zu arbeiten, dieser offene, liebevolle, nette Kerl, der absolut ehrlich ist und der findet, dass wir über alles reden können sollten, was wir füreinander empfinden. Auch das ist bei einem Mann ziemlich selten. Außerdem scheint er nach wie vor sehr glücklich darüber zu sein, dass ich ihm eine zweite Chance gegeben habe. Dadurch sind wir jetzt schon ganze zwei Jahre in dieser wirklich hoffnungslos bis über beide Ohren verliebten Phase, und es wird nicht weniger. Und dieses Gefühl warmer, kuscheliger Liebe ist es wert, dass man heiratet. Das ist doch das Ziel, wenn man sich darauf vorbereitet, das Mittelschiff hinabzuschreiten. Vielleicht dauert es nicht ewig, aber wenn es wenigstens am Anfang da ist, dann weiß man, wofür man das alles macht.«

Die meisten anderen Frauen, mit denen ich mich über dieses Thema unterhielt, gaben an, dass ihre Männer zuverlässige Menschen und gute Freunde seien und dass sie sie witzig, süß oder charmant fänden. Außerdem hatten sie ähnliche Pläne für die Zukunft. Sie hatten die gleiche Vorstellung, wo sie leben, welche Dinge sie erreichen wollten (eine Freundin von mir hatte einen Verlobten, dessen Ziel darin bestand, innerhalb von drei Jahren einen Porsche zu bekommen, während sie in diesem Zeitraum schwanger mit ihrem ersten Baby sein wollte – die Sache endete nicht wirklich gut), und – am wichtigsten – die gleiche Vorstellung in Bezug auf Kinder.

Wir Mädels sind meist kluge Frauen, und deshalb ist uns schmerzlich bewusst, dass es die sogenannte perfekte Beziehung eigentlich nicht gibt. Männer sind nun einmal Männer. Es gibt keinen einzigen, der uns letztlich nicht doch irgendwann nerven, abstoßen oder enttäuschen wird oder gar von Zeit zu Zeit ein Penisproblem bekommt. Dieser Kerl, den Sie als Idealbild im Kopf haben, der Ihnen zur rechten Jahreszeit pinkfarbene Tulpen kauft und teure Taschen einfach so, der existiert entweder gar nicht oder hört auf, derlei Dinge zu tun, wenn er Ihr Herz und Ihre Seele erobert hat. Deshalb erwarten Frauen, die sich auf eine Beziehung einlassen, auch nicht, dass der Kerl in jeder Hinsicht vollkommen ist. Schließlich wissen sie, dass auch sie selbst weit davon entfernt sind, perfekt zu sein. Natürlich gilt das auch für mich: Ich kann außerordentlich herzlos, unsensibel und gedankenlos sein. Ich vergaß sogar die Geburtstage meiner beiden letzten Partner und musste heimlich in ihren Führerscheinen nachsehen, als mir einfiel, dass der Tag nicht mehr allzu fern sein konnte. Ob sie mir wohl vergeben hätten, wenn ich ihnen nicht zum Geburtstag gratuliert hätte? Wahrscheinlich nicht – sie wären total sauer gewesen – zu Recht.

Kurz, der perfekte Mann (oder die perfekte Frau) existiert nicht. Man kann nur hoffen, dass man jemanden trifft, der dem eigenen Ideal einigermaßen nahekommt. Das kann heißen, dass er morgens das Frühstück für Sie macht oder dass er bereit ist, sich für Sie an Halloween in lächerliche Kostüme zu schmeißen. Die Erwartungen herunterzuschrauben bedeutet keineswegs, die eigenen Ansprüche zu senken oder die eigenen Ideale zu verraten. Aber langfristig sorgt es für weniger Enttäuschung und für eine größere Chance, das Glück im richtigen Augenblick mit beiden Händen beim Schopf zu packen. Perfekt ist sowieso nicht immer das Beste. Und außerdem müssen wir uns so auch nicht so viele Gedanken über unsere eigenen Unzulänglichkeiten als Frauen machen. Ich spreche mit Dir, Jaime, dem Mädchen, das gelegentlich mit Fremden vögelt, die es in Bars aufgabelt, wenn ihr Verlobter gerade mal nicht in der Stadt ist.

»Nichts ist je perfekt«, sagte eine meiner engsten Freundinnen, der ich am meisten vertraue, und sie fährt fort: »Mein Mann gehört nicht zu den Jungs, die einem die Füße und die Schultern massieren, wenn man schwanger ist, und einem anschließend noch etwas zu trinken holen. Ich weiß, dass es solche Männer gibt, weil ich andere Frauen mit ihnen sehe. Manchmal wünsche ich mir, dass er das auch täte, aber dann wiederum frage ich mich, ob ich nicht etwa folgendermaßen reagieren würde: ›He, Hände weg, hör bloß auf, mir dauernd an den verdammten Füßen herumzufummeln.‹ Ich muss ihn einfach nur akzeptieren. Immerhin fand ich ihn attraktiv genug, um ihn zu heiraten, und nun muss ich damit klarkommen. Ich bin selbst dafür verantwortlich, dass es funktioniert.«

Und das führt mich geradewegs zur nächsten Phase, nämlich zu der Frage, wie Frauen *wirklich* in Bezug auf Babys empfinden.

Schmutzige Mädchen und Babys

Es stimmt nicht, dass alle Frauen einen Mutterinstinkt haben, und dass jedes weibliche Wesen sich Babys wünscht, sobald es welche bekommen kann. Aber wir besitzen tatsächlich eine biologische Uhr, und dieser kleine Drecksack beginnt etwa mit Ende zwanzig oder Anfang dreißig dreist vor sich hin zu ticken. Die meisten Mädels, die ich kenne, hatten die ersten richtigen Baby-Anfälle zwischen dem achtundzwanzigsten und dem zweiunddreißigsten Geburtstag. Je älter man ist, umso grausamer spielt Mutter Natur uns mit – sie will, dass wir es ausprobieren und uns vermehren, auch wenn wir seit Jahrhunderten keinen vernünftigen Freund mehr hatten, am Wochenende gern lang schlafen und spät frühstücken und nichts dafür übrighaben, um fünf Uhr morgens aufzustehen, um ein paar stinkende Windeln zu wechseln. Als sehr faules und überhaupt nicht verantwortungsbewusstes, gedankenloses Mädchen war ich geschockt, als meine biologische Uhr eines schönen Tages plötzlich beschloss, mir in die Eierstöcke zu treten. Ich war etwa dreißig und konnte mich nur mit Mühe zurückhalten, um auf der Straße nicht jedem kleinen süßen Hosenscheißer im Kinderwagen über den Kopf zu streicheln und ihm ein Küsschen auf die Wange zu geben. Das Ganze traf mich aus heiterem Himmel und warf mich total aus der Bahn.

»Ich will ein Baby!«, teilte ich meinem Freund an jenem Abend mit. Der warf mir einen merkwürdigen Blick zu und sagte: »Eines Tages kriegen wir sicher eines, aber jetzt noch nicht.«

»Äh, nein. Ich will jetzt eins«, quengelte ich. Dann zettelte ich einen schlimmen Streit an, indem ich behauptete, dass er sowieso keine Kinder wolle und nur meine Zeit verschwende. Und wenn er wirklich so empfand und mich wirklich liebte, dann solle er mich freigeben, damit ich mir jemanden suchen könne, der meinen Wunsch, mich zu vermehren, teilte.

»Du bist verrückt!«, bemerkte er, eine ärgerliche Totschlagbeleidigung, die er immer benutzte, wenn ich etwas sagte oder tat, das nicht vollkommen ruhig oder rational war.

»Ich werd's dir gleich zeigen!«, antwortete ich, jetzt tatsächlich etwas verrückt, warf ihm mein Handy durch das ganze Zimmer an den Kopf und rannte dann aus dem Haus, um mir eine Packung Zigaretten zu kaufen und anschließend mit einer Flasche Wein auf der Treppe herumzusitzen und mich wutschäumend darüber auszulassen, wie sehr ich ihn hasste, weil er nicht gleich loslegen und ein paar Babys zeugen wollte. Mein Gott, die Babygeschichte ging mir wirklich unter die Haut.

Frauen, die nicht *bereit sind für Babys*

Nur weil *ich* plötzlich dachte, ich *könnte* jetzt bereit sein, gute Nächte mit meinen Freunden gegen Gutenachtgeschichten auszutauschen, empfand die Mehrheit meiner Freundinnen keineswegs genauso. Als wir uns darüber unterhielten – meist bei einem Cocktail –, kamen wir in der Regel zu dem Schluss, dass wir durchaus irgendwann Babys wollten, aber nur in der sicheren und weit entfernten Zukunft. Obwohl wir so langsam das magische Durchschnitts-Schwangerschafts-Alter überschritten hatten, waren wir immer noch nicht hundertprozentig angetan von dem Gedanken, unsere Unabhängigkeit und vollkommene Freiheit aufzugeben. Selbst meine verheirateten Freundinnen und diejenigen, die eine feste Beziehung hatten, empfanden so. »Das wäre doch alles nur … nutzlose *Quälerei*«, sagte eine von ihnen. »Ganz genau!«, stimmten wir alle zu.

Männer neigen zu der Annahme, dass jedes Mädel über siebenundzwanzig auf dem Muttertrip ist und sich möglicherweise demnächst als Sperma-Diebin betätigt. (Mit diesem bescheuerten Ausdruck bezeichnen Jungs Mädchen, von denen sie annehmen, dass sie an ihren fruchtbaren Tagen durch die Bars ziehen, auf der Suche nach einem Mann, der sie schwängert – als ob jede Frau scharf darauf wäre, die Brut einer zufälligen Barbekanntschaft auszutragen.) Doch in Wirklichkeit haben Frauen genauso viele, oft sogar noch größere Bedenken in puncto Kinder als Männer. (Hinzu kommt, dass sämtliche Frauen, mit denen ich sprach, sich über eines einig sind: Die Vorstellung, alleinerziehende Mutter zu sein, ist absolut beängstigend.)

Eine meiner Freundinnen ging eine Zeitlang mit einem Typen, der wild entschlossen war, zu heiraten und sofort Kinder zu kriegen. Doch sie konnte sich einfach nicht zu ähnlichem Enthusiasmus durchringen. »Ich konnte es nicht ertragen. Er sprach immer nur darüber, wie sehr er sich Kinder wünsche und dass er mich schwängern wolle«, berichtete sie mir später. »Wir gingen ja erst ein paar Wochen miteinander, und ich erklärte ihm immer wieder, dass ich gar nicht wüsste, ob ich überhaupt jemals Kinder wolle, aber er hörte einfach nicht zu. Stattdessen sagte er Dinge wie: ›Aber Frankie ist doch ein wirklich süßer Name, sowohl für einen Jungen als auch für ein Mädchen, stimmt's?‹« Es dauerte nicht lange, bis sie sich von ihm trennte. »Zu viel Druck!«, lautete ihr Kommentar.

Eine andere meiner Freundinnen formulierte ihre Gefühle im Hinblick auf Babys noch prägnanter: »Igitt«, sagte sie. »Ich kann es mir absolut nicht vorstellen. Ich finde Kinder eigentlich nur lästig. Ich kann sie einfach nicht hinreißend finden, besonders dann nicht, wenn sie in hübschen Restaurants sitzen oder während des ganzen Fluges heulen. Ich hoffe, dass sich das eines Tages ändert, aber momentan bin ich vollkommen glücklich darüber, dass ich keine Mutter bin.«

Die Wahrheit übers Schwangersein

Nichts mehr trinken zu dürfen, nicht mehr rauchen zu dürfen und von Austern die Finger lassen zu müssen scheint Kleinkram zu sein verglichen mit den Freuden der Geburt, eines Babys und der Mutterschaft (blablabla), aber viele Frauen finden es ziemlich ätzend, dass man ihnen diese kleine Freuden nimmt, sobald sie schwanger sind. Das gilt insbesondere für Frauen, die es gewöhnt sind, arbeiten zu gehen und sich hinterher noch auf einen Drink mit Freunden zu treffen, um sich über die letzten Neuigkeiten auszutauschen und Dampf abzulassen. Sie werden nicht viele Leute treffen, die das zugeben, denn die Gesellschaft erwartet von Schwangeren, dass sie einfach nur glücklich sind und vor sich hin brüten. Aber es ist dennoch die Wahrheit.

Plötzlich sagt man Ihnen, dass Sie ein anderes, gesünderes Ventil finden müssen, um sich nach einem langen Tag zu entspannen, und das ist gar nicht so einfach. Da wäre zum einen das Fitnessstudio. Aber wenn man schwanger ist – insbesondere in der Anfangsphase – hat man eigentlich keine Lust auf Sport. Man kann auch essen gehen, aber zu Anfang ist man einfach nur deprimiert, dass man dazu noch nicht einmal ein nettes Gläschen Wein trinken kann wie alle anderen. Viele Frauen ekeln sich sogar vor bestimmten Speisen, und wenn einem speiübel ist, wird man wohl kaum in der richtigen Stimmung für anregende Gespräche sein. Frauen benötigen eine längere Trauerphase, um den Verlust dieses Teils ihres Lebens zu verkraften. Sie müssen lernen, ein jahrelang gültiges, regelmäßiges Verhaltensmuster aufzugeben, auch wenn es nur für neun Monate ist oder für die Zeit, bis sie mit dem Stillen aufhören. Allein dieser Gedanke reicht, um manche Mädels eine Weile vom Kinderkriegen abzuschrecken.

Der perfekte Beruf

Es gibt keinen perfekten Mann, und genauso wenig existiert der vollkommene Job. Es gibt fantastische Jobs und wunderbare Methoden zum Geldverdienen, und ich bin sicher, dass es ein paar Menschen gibt, die so glücklich sind mit dem, was sie tun, dass sie noch nicht einmal merken, dass sie eigentlich arbeiten. Diese Menschen kenne ich nicht persönlich, aber ich nehme an, es sind Ausbilder zum Fallschirmspringen oder Gründerinnen exotischer Reisegesellschaften, die sich auf reiche Abenteurer spezialisiert haben. Doch wahrscheinlich kennt auch der Fallschirmspringer grauenhafte Tage, an denen seine Kunden unerträglich sind, er selbst morgens keine Lust zum Aufstehen hat oder sich der Fallschirm nicht öffnet. Und ich wette, die Frau von der exotischen Reisegesellschaft denkt hin und wieder ebenfalls etwas wie: »Oh nein, ich habe keine Lust, erster Klasse zu fliegen und in dieser Woche den Kilimandscharo hochzusteigen. Ich will mit einer Schüssel Cornflakes zu Hause im Bett liegen und mir Wiederholungen von *Friends* ansehen!« Okay, vielleicht denkt sie so etwas ja auch nicht, aber wir anderen, die wir Jobs haben, die oft alles andere als ideal sind, sollten die Hoffnung nie aufgeben.

Das gilt sogar für meinen Traumjob, über den ich mich, sehr zum Unmut meines damaligen Freundes, so gefreut hatte. Ich hatte jede Menge Anlass zum Motzen, angefangen von den Kopien, die ich für die Freelancer machen musste, bis hin zu dem Mittagessen, das ich für ein paar Chefredakteure bestellen musste. Oh, und habe ich schon erwähnt, dass ich siebenundzwanzig war und mein Jahresgehalt in Tausend weniger betrug als mein Alter? Wie immer, sollte man auch bei beruflichen Wünschen Vorsicht walten lassen. Jede Position, die Sie begehren, hat einen Haken. Ich war früher so neidisch auf ein Mädchen, das die meiste Zeit über tolle Reisegeschichten für eine coole Zeitschrift schrieb. Ich stellte mir vor, dass sie in jeder Hinsicht ein perfektes Leben führte. Sie war hübsch, sie war cool, und sie verdiente gutes Geld, erledigte Aufträge auf der ganzen Welt. Ich wünschte mir ihr Leben! Dann bekam ich tatsächlich auch einen Auftrag, für den ich in ein exotisches Land reisen konnte. So aufregend es war, schon am zweiten Tag fühlte ich mich wirklich einsam und erkannte, dass allein reisen nichts für mich war. Bis zu diesem Zeitpunkt hatte ich auf Reisen immer Gesellschaft gehabt, und jetzt langweilte ich mich und ertappte mich dabei, wie ich mich nach dem schmutzigen, alten Brooklyn und meinen Freunden zurücksehnte. Als ich wieder zu Hause war, fand ich meine eigene, etwas zögerliche Karriere nicht mehr ganz so schlimm – das Gras ist ja immer grüner in Nachbars Garten. Und plötzlich gab es weniger Menschen, die ich um ihren beruflichen Werdegang beneidete. Dennoch: Wenn sie mir in meinem jetzigen Job nur ein *bisschen* mehr bezahlt hätten … Auch damit haben Frauen – genau wie Männer – immer ein Problem: mit dem Geld. Wir haben häufig den Eindruck, dass es nie genug ist, wir unseren Verdienst aber auch nicht so einfach steigern können – trotz der Möglichkeit, unsere schmutzigen Unterhöschen im Internet an perverse alte Männer zu verhökern.

Früher, als ich noch jünger war, saßen eine Kollegin und ich oft zusammen und unterhielten uns darüber, dass ein Gehalt von 80 000 Dollar im Jahr vonnöten wäre, um uns alles leisten zu können, was wir im Leben brauchten. Dann hätten wir es geschafft, und unser Leben wäre vollkommen. Damals verdienten wir 27 000 Dollar jährlich, und die Vorstellung, dass wir eines Tages so einen Batzen Geld nach Hause bringen würden, war einfach umwerfend.

Die Zeit verging, und mir gelang es nie, einen solchen Betrag als Grundgehalt zu erreichen. Ihr hingegen schon. Sogar mehr. Schließlich lag ihr Jahresgehalt im sechsstelligen Bereich, und ich fragte mich, ob sie jetzt tatsächlich glaubte, es geschafft zu haben und ein vollkommenes Leben zu führen. Sie konnte sich jederzeit die Klamotten kaufen, die sie wollte, sie hatte ziemlich viel auf der hohen Kante, und sie besaß ihre eigene Wohnung. Bei einem Drink fragte ich sie, ob ihr Leben angesichts dieses Einkommens jetzt perfekt sei.

»Äh ... Man kann immer noch mehr haben. Ich weiß nicht, was ich mir dabei gedacht habe, als ich behauptete, dass ich nur 80 000 Dollar im Jahr brauchen würde, um glücklich zu sein. Heute scheint mir das nicht mehr so viel Geld.«

Du lieber Gott. Solange ich also Geld mit Lebenserfolg gleichsetzte, würde ich nie glücklich sein!

So lernte ich, nicht mehr davon auszugehen, dass ich nur ein bisschen mehr Geld verdienen musste, damit alles besser würde. Das war ein kluger Schachzug, denn schließlich arbeite ich in einer Branche, die schon sehr bald ausgestorben sein wird: Ich bin schließlich Zeitschriftenredakteurin.

Die Realität akzeptieren und glücklich damit sein

Selten trifft man eine Frau, die behauptet, wirklich *überglücklich* über ihren eigenen Lebensweg zu sein, aber Frauen, die ziemlich *glücklich* sind, gibt es umso häufiger.

Die Mehrheit fragt sich häufig, wie es wäre, auf der anderen Seite zu stehen, ob verheiratet oder alleinstehend, ob als Kellnerin in Europa oder als Frau, die mit vielen scharfen Männern schläft, wie es wäre, eine megareiche Managerin zu sein oder eine Hausfrau und Mutter … Wir hätten in unserem Leben endlos viele Wege einschlagen können. Und zahllose Frauen, die ich kenne, haben diese Möglichkeiten immer noch. Ich habe eine Schwester, die vor zwei Jahren erkannte: Scheiß drauf! Ich bin es leid, als leitende Angestellte in New York zu arbeiten. Sie wollte eine Weile in L. A. leben, in Strandnähe. Also kündigte sie kurzerhand und zog um. Eine andere Freundin von mir beschloss: Scheiß drauf! Ich bin es leid, so zu tun, als hätte ich etwas für Männer übrig. Sie wollte sie selbst sein, also eine sexy Lesbierin mit deutlichem Hang zum Drama, und das, ohne sich von irgendeinem Typen vorwerfen lassen zu müssen, dass sie verrückt wäre. Ich fragte also all meine Freundinnen, ob sie sich selbst für glücklich hielten, und jede Einzelne von ihnen antwortete: »Ja. Nun ja, jedenfalls meistens.«

Das bedeutet, dass die meisten von uns das Gefühl haben, das zu tun, was richtig für sie ist – und das, obwohl wir so vieles anders machen könnten. Jeden Morgen wieder neben dem gleichen Typen aufzuwachen, der langsam anfängt, uns zu nerven? Jeden Morgen die gleiche Fahrt zum gleichen blöden Job hinter uns zu bringen, wo wir immer dem gleichen dämlichen Boss in den Arsch kriechen müssen? So schlimm ist das eigentlich doch alles gar nicht. »Wenn ich wirklich so unglücklich wäre, würde ich etwas dagegen unternehmen«, sagte eine Frau zu mir. »Nichts hindert mich daran, meine Sachen zu packen und nach Guatemala zu gehen, um dort Englisch zu unterrichten, womit ich übrigens jeden Winter aufs Neue drohe«, fuhr sie fort. »Aber letzten Endes habe ich hier meine Freunde, und in meinem Leben passieren viele Dinge, die mir großen Spaß machen, auch wenn ich mich stundenlang über irgendeinen Mist aufregen kann. Eigentlich finde ich mein Leben insgesamt sehr schön.«

Kleine Pflichtlektüre für den Mann an Ihrer Seite: Glücklich bis ans Ende ihrer Tage

Jungs, Ihr denkt vielleicht, dass wir nicht allzu glücklich sind, weil wir uns über alles Mögliche beklagen. Aber das ist schlicht und ergreifend nicht wahr. Dieses Gemotze und Gezetere über Leute, die uns auf den Wecker gehen, oder über Dinge, die wir – aus welchem Grund auch immer – hassen, macht ***Spaß***. Wie eine pikante Klatschgeschichte, so ist auch Meckern aufregend und eine Methode, um unseren Frust loszuwerden, und zwar ohne uns dabei körperlich zu verausgaben, wie beispielsweise im Fitnessstudio.
Natürlich gibt es Frauen, die ständig über dies oder das klagen. Aber das durchschnittliche weibliche Wesen wird durch sein Gemecker nicht zur Ziege. Und es ist auch nicht über alles in seinem Leben unglücklich.

Wenn das der Fall wäre, brächte es jederzeit die Energie und Stärke auf, um die Situation zu ändern. Nein, Frauen sind eine ziemlich zufriedene Spezies. Sie sind insgeheim dreckig, häufig faul, lügen vielleicht manchmal und trinken zu viel. Aber eines sind sie nicht: unglücklich. Denn letztlich ist es wunderbar, ein Mädchen zu sein.

Und wir hoffen, dass Ihr Jungs nie von uns verlangt, dass wir an unserem großartigen und zutiefst verdorbenen Charakter auch nur einen Deut verändern.

Danksagung

Zunächst einmal danke ich all meinen schmutzigen Freundinnen, die froh waren, durch ihre schamlosen Geschichten einen Beitrag zu diesem Buch leisten zu können. Ich möchte sie zwar nicht outen, aber ich schulde ihnen meinen Dank, deshalb zähle ich sie an dieser Stelle auf – die Reihenfolge hat nichts zu sagen: Erin, Amelia, Corinne, Susie, Lauren, Teri, Lesley, Lindsey und Erica. Ihr seid allesamt urkomische, abscheuliche und inspirierende Frauen. Außerdem möchte ich Maria Fontoura, Jim Kaminsky und Joe Levy danken, meinen fantastischen Redakteuren bei der Zeitschrift *Maxim* sowie Shana Drehs, weil sie eine so wunderbare Redakteurin bei Sourcebooks ist. Mein Dank gilt auch Daniel Greenberg, meinem außergewöhnlichen Agenten, und Josh, weil er nicht darauf bestanden hat, das Buch vor seiner Veröffentlichung zu lesen. Bitte verlass mich nicht!

Neues aus dem Ouzoland

Stella Bettermann
ICH MACH PARTY
MIT SIRTAKI
Wie ich in Deutschland
meine griechischen
Wurzeln fand
224 Seiten
ISBN 978-3-404-61626-8

Oooopa! Und dann zwei Schlenker rechts. Oder links? Im griechischen Tanzkurs tritt Halb-Hellenin Stella Bettermann erstmal allen auf die Füße: Denn Mikis, Popi und die anderen Exil-Griechen können schon tanzen wie Zorbas, der Grieche. Weil griechische Gastfreundschaft auch in München gilt, nehmen sie die Neue trotzdem auf, und nach dem Sirtaki gibts Souvlaki. Oder es geht im Münchner »Piergarten« bei ein paar »Chellen« um Unterschiede und Gemeinsamkeiten der beiden Kulturen, um Sex, Liebe, Krise(n), Geld und das Leben an sich. Doch erst beim Tanzfest auf einer griechischen Insel wird sich beweisen, ob Stella nicht nur griechisch fühlt, sondern schon so gut wie die Einheimischen tanzt!

Bastei Lübbe Taschenbuch